私が「白熱教室」で学んだこと

ボーディングスクールから
ハーバード・ビジネススクールまで

石角《いしずみ》友愛《ともえ》

阪急コミュニケーションズ

はじめに

一九九八年　高校中退して渡米、ボーディングスクール（全寮制私立高校）入学
二〇〇一年　オバマ大統領も通った、リベラルアーツ教育で有名な四年制私立大学のオキシデンタル・カレッジ入学
二〇〇八年　卒業後は日本で起業していたが、再びアメリカに渡り、ハーバード・ビジネススクールへ
二〇一〇年　ハーバードで出会った夫と在学中に結婚、出産したのち、ビジネススクールを修了してＭＢＡ（経営学修士）取得
二〇一一年　世界で最も働きたい会社の一つとされる、シリコンバレーのグーグル本社に入社

たかだか一〇年ちょっとですが、これが私の経歴になります。こうして並べると、さぞかし優秀なのだろうとか、超エリートのように思われる方もいるかもしれません。

けれども、とんでもありません。アメリカに行くまでは、私はごくごく普通の女子

高生だったのです。しかも英語は大の苦手でした。

それがどうして子連れでＭＢＡを授与され、アメリカ人にとっても超難関とされているシリコンバレーの企業で働くような、型破りな日本人女性キャリアになってしまったのでしょう？

そこには学生時代のほぼ全般にわたってアメリカで行なってきた、日本とは違う勉強の影響があるのだと思います。

アメリカでの勉強と、日本での勉強で、何がどう違うのでしょうか。

ハーバードの「白熱教室」は、日本でもマイケル・サンデル教授の授業が紹介されて話題になりました。私もハーバード・ビジネススクールで、「白熱教室」を経験しています。学生たちが自分の頭を使って考え、激しく議論をぶつけ合う。また、あまり紹介されないのですが、「協力し合う勉強」によってチームで一つの目的を達成する喜びも知りました。

これは「白熱」そのもの。当時体験した感動は、いまも私のなかに残っています。自ら体験して獲得するスキルは、教えられる知識以上に、ビジネスの現場で私たちが生かせる問題解決力となってくることは確かでしょう。

けれども「白熱教室」は、ハーバードの大学・大学院のみのものではありません。アメリカではもっと初期の段階から用意されているのです。

とくに私が経験した二つの学校、ボーディングスクールとリベラルアーツ・カレッジでは、それが顕著に見られます。

ボーディングスクールとリベラルアーツ・カレッジ。一体それは何なの？　という方も多いのではないかと思います。

ボーディングスクールとは、一般にはアメリカのエリート高として知られる私立高校です。全寮制で厳しい監督下のもと、生徒は私生活の自己管理までを含めた勉強を余儀なくされます。

そしてもちろん「白熱教室」もある。私自身ビックリしたくらい、ここでは自由な「大人の議論」が授業中に展開されます。

リベラルアーツ・カレッジもまた、日本ではあまり知られていない形態の大学ですが、日本流では「一般教養大学」ということになるのでしょうか。

つまり、専門的な学問を習得する前に、当然身につけておくべき学問の素養を学ぶための大学。ですから科目は、意外かもしれませんが歴史学、哲学、文学、心理学や社会学といった「人文科学」が多くなります（もちろん理数系も多く用意はされていますが）。

さらにリベラルアーツ・カレッジは、ほとんどが学生数一〇〇〇〜二〇〇〇人ほどの少人数制の大学です。ですから、日本で言うところの「私塾」の雰囲気が強くなります。授業はほとんどマンツーマンで、師と弟子が意見をぶつけ合うような「白熱対話」がくり返さるのです。

この大学を卒業した学生の大半は大学院へ進み、今度は経済学や経営学や法学、また医学といった世に出るための学問を学んでいきます。

このような、まったく日本と違う「白熱勉強」の選択肢が用意されていることも、アメリカで言う「勉強」の特徴なのです。

そして、そんなアメリカの、自由で、つねに自分の頭で答えを導き出さなくてはならない厳しい勉強が、私をここまで導いてくれました。日本では起業も経験し、ハーバード・ビジネススクール在学中に結婚し、子どもも生んだ、それでもグーグル本社に勤め、さらに新たなチャレンジを模索している――。

仕事のキャリアも人生のキャリアも未熟な私ですが、それでも積極的にさまざまなリスクに挑んでいこうとする価値観は、それを「正しい選択」と見なしてくれるアメリカの勉強があったからこそ育まれたものでしょう。

はたして日本式の「勉強」で、そういうことが起こるでしょうか？

アメリカという国に多少の問題はあるかもしれませんが、ここで行なわれる勉強が世界中に多くの成功者を輩出しているのは、間違いない事実でしょう。ハーバード・

ビジネススクールのみならず、たとえばノーベル賞をとる日本人の科学者でも、ほとんどはアメリカでの勉強を経験しています。

すでにグローバル時代が訪れている現在、世界に目を広げようと思えば、将来のためにアメリカをはじめとした国外で学ぼうと考えることは必然のことかもしれません。

ところが二〇一〇年に来日したハーバード大学学長のファウスト教授は、読売新聞の取材で日本人留学生の減少を危惧しています。

彼女によると、ハーバードの学部・大学院を合わせた留学生数で、日本は九九〜二〇〇〇年度に一五一人だったのが、二〇〇九〜一〇年度には一〇一人に減少したそうです。ちなみに同期間に中国は二二七人から二倍以上の四六三人に、韓国は一八三人から三一四人に急増しました。そして二〇一〇年度の学部への日本人留学生は、わずか五人にすぎなかったそうです。

もし読者の方が学生であれば、やはり私は留学を勧めたいところですが、なかなかそうはいかないビジネスパーソンの方もいらっしゃると思います。

けれども、アメリカ流の「勉強」を理解することは、現在の仕事にも大きな付加価値をつけることになるはずです。なぜなら、アメリカで学ぶ勉強とは極めて実践的だからです。

とくにアメリカでは、勉強は入試や就職といった一時期の課題突破のためのものでなく、生涯にわたって人生を切り開くために必要なものだと教えられます。だからこそ私は、家庭をもち、就職した現在でも勉強を続けます。
おそらく皆さんにとっても、勉強は生涯にわたって必須なものであるはずです。

とくに日本では、ハーバードのような専門性の高い大学の勉強はよく紹介される反面、高校や一般教養大学のような、「勉強についての考え方」を基礎から学べる場での「勉強法」はあまり紹介されません。

幸運にも私は、日本人でありながら、ボーディングスクールとリベラルアーツ・カレッジを経験し、ハーバード・ビジネススクールで経営学を修めることができました。そこで学んだことから、多くの日本の皆さんの役に立つ、普通の勉強法という枠を超えた、いわば「思考法」が引き出せるのではないかと思っています。

ぜひ本書を、「何のために貴重な時間と労力をかけて勉強するのか?」ということを考えるきっかけに役立てていただければ、著者としてこれ以上の喜びはありません。

石角友愛

私が「白熱教室」で学んだこと

目次

Chapter 2

考える、考える、答えは出なくとも考え尽くす

……アメリカの学校で徹底される「思考力」の訓練

Chapter 3

認められるのは議論に勝ってから
……知識でなく言葉で勝つ「議論力」を身につける

Chapter 4

マネジメント能力を10代から問う教育
……勉強と大学受験を通して「自分を管理する術」を学ぶ

Chapter 5

成果主義はすでに始まっている

……遊ぶ暇があれば、学生時代から人生経験を増やそう

Chapter 6

アメリカでは就職後も「勉強」が続く

……全米一「働きたい会社」グーグルで働くということ

Chapter 7

日本の学校で教えてくれない、本当に大切なこと

……なぜ世界中の若者がアメリカに勉強しに来るのか

Chapter 1

そもそも勉強するってどういうこと？

……答えを教えてくれないアメリカの教師

有名なマイケル・サンデルの授業、何が一体すごいのか

ハーバード大学、マイケル・サンデル教授の授業は、日本でもＮＨＫのテレビ番組で放映され、大きな話題になりました。その講義録『これからの「正義」の話をしよう』は日本でベストセラーにもなったそうですから、多くの人が教授の哲学的な話に触れたことと思います。

ただし、その感想が、

「興味深い話だった」

「非常に勉強になった」

「なるほど素晴らしい話をするんだな」

では、ハーバード大学で彼が行なっている授業の本質と、すこし離れているような気がするのです。

じつはここに、アメリカ人の考える「勉強」と、日本人の考える「勉強」

の大きな違いがあるのではないでしょうか。

サンデル教授が提議しているテーマは、正義であり、道徳です。

道徳といえば、日本人の印象では、小学生くらいの子どもが教わるものですよね。教わることといえば、たとえば「人様に迷惑をかけるのはいけない」といった具合です。

私たち日本人は、人様に迷惑をかけるのはいけないことだと教えられ、それを真実とみなしています。多くの日本人と話をすれば、やっぱり〝常識〟として受け入れられていることだなと感じます。

しかし、仮にサンデル教授の授業で「人様に迷惑をかけるのはいけないこと」というテーマを取り上げるとしたら、どういうふうにとらえられるでしょう？

「そもそも人様とは誰なのか？　迷惑とはどう定義されるべきなのか？」から始まり、「いかなる状況でも、自分の幸福よりも他人の幸福を優先すべきなのか？　それが社会全体の幸せにつながるのか？」などと、問題を深く追求していくと思います。

考えてみれば、私たちは生きていくうえで、どこかで誰かに影響を与えているわけです。

たとえば、就活で希望の会社から内定をもらえた。それはとても嬉しいことだけど、どこかで誰かが代わりに落ちているとすれば、「人様に迷惑をかけたこと」になるのではないのか。

こんな問題を考えていけばキリがありません。

しかし、この問題は「国際的な平和」とか「経済的な豊かさ」に必ず対峙して存在する問題なのです。

だから、キリがなくても考える。

答えがなくても考える。

答えを出すことは、もはや目的ではありません。

とことん考えさせることによって、あらゆることを多角的に、思慮深くとらえる人間を育てようとする。それがハーバード大学をはじめとした、アメリカのエリート教育で問われている「勉強」なのです。

日本で「人様に迷惑をかけてはいけない。謙虚に生きるべきだ」などとしたり顔で語る人ほど、むしろ他人のことに深い思考を向けていない。きちんと自分の頭で考えていないのかもしれません。

大切なのは教師の考えより個々の生徒の意見

サンデル教授の授業も、その本質は、彼が「正義」について考えることを学生に説くというものではありません。

「人の命に値段をつけることは正当か？」と学生たちに投げかけると、一人の学生が「家族を失った人の気持ちなど、値段をつけられないものがあるから不可能だ」と一つのスタンスを表明する。

それに対して、すかさず別の学生が「どこかで値段をつけなければいけない」と反論する……。

どちらが正しいということではありません。学生同士を議論させ、自分の意見と対峙する別の意見もあると認識させることで、考える力や、それを表現する力、自分の意見をまとめあげる力をつけさせるのです。

こんな教授の授業を見ていると、私は二〇〇八年から二年間在籍した、ハーバード・ビジネススクールの授業を思い出します。

ハーバード・ビジネススクールには、「哲学」や「正義」という科目はありませんでしたが、ビジネスのさまざまな局面でマネジメントが直面する「答えのない難題」を教授陣から問いかけられました。

もちろん、その場合も重要なのは議論することです。学生同士が意見をぶつけ合うことによって、私たちは意見の多様性を学び、ビジネスのあらゆるケースに対処するための考えを深めていきました。

教授たちはほとんどの場合、自分の意見を言いません。質問するため、個人的に教授のオフィスに会いに行ったときでさえ、考えを押しつけるようなことはしないのが普通です。

こうしたアメリカ流の教え方は、日本とは真逆なものだと思います。

よく日本でも、アメリカの高校や大学では、生徒・学生同士で議論するディベートなどが重んじられていると紹介されます。しかし、本当は「重んじられている」といったような、〝方法論の一つとして〟というレベルではありません。実際のところ、それがアメリカの高等教育の根幹であり真髄なのです。

むしろ教師一人の意見よりも、生徒がどんな意見を、どんな理由で述べるかのほうを重要視していると言えます。

言い換えれば、問われるのは、つねに自分で考える力や、それを表現する力であり、教師が教えたことをどれくらい理解しているかは、アメリカでは「学力」としてはあまり重んじていないのです。

一方で日本の教育は、あるトピックに対して生徒がどのようにとらえるのかを、教師のほうが期待していると言えるでしょう。つまり「決められた解答」を正しく暗記し、導き出せるかどうか、あるいは教えたことを理解しているかどうかを問うているということです。

その結果、日本という国は、あらゆる社会問題に対して同質の意見しかもたない「アイデアがホモジーニアス（同質）な社会」になっているのだと思います。

日本人はどうして、ハウツーに一生懸命なのか

このように、日本で言う「勉強」と、アメリカで言う「勉強」は、じつは根本的に違っているように見えます。

日本人はハウツーが好きだということはよく聞きます。

しかし、ノウハウはよく説かれていても、じつは「勉強って何？」という根本的な問題はあまり問われていないように思います。

国際化が避けられないものとなった現在、日本人はハウツーに一生懸命になるよりも、日本人の考えている「勉強」が、世界標準の「勉強」とは大きくかけ離れていることを知らなければなりません。

よく言われる「ガラパゴス化」の本質は、こんなところにあるのではないでしょうか。

すこし私自身の過去の話をします。

私は、一六歳のときに日本の中高一貫校での変化のない教育に嫌気がさし、中退して単身アメリカに渡りました。帰国子女ではありませんし、留学当初は英語ができたわけでもないのですが、ボーディングスクール（全寮制私立高校）からリベラルアーツ・カレッジと、アメリカで高校生活、大学生活を送りました。

大学卒業は二〇〇五年。その後、帰国していったんは起業しましたが、二〇〇八年、再びアメリカに戻ってハーバード・ビジネススクールに入学しました。二〇一〇年にビジネススクール修了後、アメリカ西海岸へ移住し、現在はシリコンバレーにあるグーグル本社に勤めています。

アメリカの教育制度のなかに飛び込んで、合計約九年間、いわば「白熱教室」のなかで学びました。高等教育という意味では、「日本式の勉強」よりも「アメリカ式の勉強」のほうを多く経験していることになります。

いや、こちらで言う勉強は、大学を出たら終わり、就職できたから終わり、とはなりません。生涯学習（lifelong learning）などという言葉がありますが、現在アメリカの企業に勤めている私は、いまも勉強を続けている立場にあります。

しかしその勉強こそが、これまで私に多くの可能性をもたらしてくれたのです。


いま日本では、学力低下が叫ばれ、国際的な競争力も落ちています。

そんななかでハーバード・ビジネススクールを見れば、日本人学生が実際に減っています。私が在籍した当時もそうでしたが、日本人の減少とは対照的に、中国から学びに来ている学生が目立ちました。

本書は、皆さんにやみくもに留学を勧めるものではありません。

ただ、「勉強する」とか「考える」ということに関して、日本が海外で主流の考え方に逆らっていつまでも井の中の蛙であり続けるならば、将来を考えたときにとても不安になります。

私はまだ「若者」とくくられるような若輩者かもしれませんが、同じくらいの年齢の人たちに、もっと「勉強する」ことの意味を考えてもらいたいし、その成果によって自分で未来を切り開いてもらいたい。

そこには、偏差値やランキングなどの誰かが人為的につくり上げた「勉強をするイミ」を超越した、本当の勉強が待っているからです。

ですからあえて本書では、アメリカで重視されている「勉強」の一部始終とその本質を、私の実体験を通して皆さんに伝えていこうと思います。

リベラルアーツ・カレッジとソクラテスの教え

アメリカ式の勉強の話をするにあたって、まずはリベラルアーツ・カレッジの説明をしましょう。私が通った学校のなかでも、リベラルアーツ・カレッジは、日本であまり知られていないのではないでしょうか。

リベラルアーツ・カレッジは、リベラルアーツ教育を特徴とする、寮生活を中心とした私立四年制大学です。

リベラルアーツ教育とは、文系理系を問わず広く教養を身につけ、創造力を養うことに重きを置いた教育のこと。エリートを養成する教育機関として発展してきた歴史があります。

最近、日本でリベラルアーツ・カレッジの名がすこし知られるようになったのは、何よりオバマ大統領がロサンジェルスの「オキシデンタル・カレッジ」(Occidental College) というリベラルアーツ・カレッジ出身だったからでしょう。

たまたまですが私も同じオキシデンタルに二〇〇一年に入学し、心理学を勉強しました。オバマ大統領は先輩にあたります。

ほかにも、ヒラリー・クリントン国務長官は「ウェルズリー・カレッジ」というリベラルアーツ・カレッジの出身。ウェルズリーは名門の女子大学で、オルブライト元国務長官も出ています。

アメリカには数多くの、優秀な人材を生み出しているリベラルアーツ・カレッジがあります。その歴史は、それこそアメリカ建国のころに遡ると言えるでしょう。

特殊なところでは、政界のみならず財界にも優れた人物を輩出する陸軍学校「ユナイテッド・ステイツ・ミリタリー・アカデミー」。通称「ウエストポイント」として知られる学校ですが、こちらもリベラルアーツ・カレッジに含まれます。

リベラルアーツ・カレッジと通常のユニバーシティとの違いは、何よりもその規模です。

学生数が一〇〇〇〜二〇〇〇人と小規模で、一人の教授に対する人数が圧倒的に少なく、それだけに密度の濃い授業をするのがリベラルアーツ・カレッジの特徴です。その内容については4章で詳しく説明しましょう。

ここで考えたいのは、アメリカで重視されている「リベラルアーツ」という概念です。日本語にすると「自由の学問」「一般教養」ということになりますが、そもそもの起源は古代ギリシャ時代の定義にまで遡るそうです。

ローマ時代にこのリベラルアーツは「自由七科」と定められたそうですが、そのうちわけは、文法、修辞学、論理学、数学、幾何学、天文学、音楽です。ただこれらを統括するものとして、哲学が必修となっていました。

考えてみれば、マイケル・サンデル教授の専門も哲学（政治哲学）です。

日本で哲学といえば、おそらくはよっぽど物好きの人でないと、大学で学ぶことは少ない学問でしょう。哲学科卒では、就職するときは相当の苦労があるかもしれません。

むろんアメリカでも、理工系の学問を除けば、就職を考えて人気があるのは経済学や経営学です。

ただ、じつを言うとこちらは、むしろビジネススクールなどの専門職大学院で本格的に学ぶもの。その前に基礎学問として、哲学のような人文系の学問を確実に学ぶことによって、「考える力」を身につけておくべきとされているのです。

実際、ハーバード・ビジネススクールの二〇一一年度入学者の統計を見ると、大学での専攻が社会科学や人文科学だった学生は全体の二一パーセント。経営学部出身、経済学部出身（いずれも同じく二一パーセント）と並んでいます。

また、ビジネスの世界でも同じように、リベラルアーツの重要性が語られています。

スティーブ・ジョブズは基調講演でよく、「リベラルアーツとテクノロジーの交差点」にアップルは立っていると語っていました。テクノロジーだけではあのようなプロダクトは創造できない、そこにはヒューマニティー（人文科学）の要素が必要なんだ、ということです。

アメリカでエリートたちを養成してきたリベラルアーツ教育の根本が「哲学的な考察」に置かれている。それは一体なぜでしょう？

答えはギリシャの哲学者、ソクラテスのこの言葉に凝縮されます。

Unexamined life is not worth living.

自分の人生を吟味し、検証し、考えていない人は、すなわち目的意識をもたないまま時間を過ごしていることになり、つまらない空っぽの、または誰かに言われるがままの受け身な人生を送ることになる。そして人生を検証する方法は、抽象的な問いを自分に投げかけることに他ならない……。

そんな意味だと思います。

ソクラテスといえば、形のない物事の存在を追求する形而上学の根幹をつくった人。そして教師と生徒が囲んで議論することに教育の軸を置いた「ソクラティック・メソッド」の創始者です。

そうした「答えのない問題」を一生懸命に考えることを、アメリカでは勉強の出発点とみなしているのです。逆に言うと、経済、経営、法学、あるいはサイエンスや医学などの領域に入る実務的な学問はすべて、その延長線上にとらえるということです。

日本で行なわれる勉強は、これとまったくかけ離れているでしょう。

アメリカで考えさせられる「答えのない問題」

答えのない問題を考え続けること。

あるいは人生について吟味、検証し、抽象的な問いを自分自身に投げかけること。

意外に思うかもしれませんが、このようなテーマは、ハーバード・ビジネススクールの授業のなかでも深くとり上げられます。

ビジネススクールだからといって、決して仕事のハウツーに終始するわけではない。むしろ経営を学ぶに関しても、哲学的なテーマは避けられないということなのでしょう。

たとえば「Leadership（リーダーシップ）」のクラスで、ゼロックスの女性社長のケースがとり上げられたことがありました。

当時のゼロックスは、あまりに業績が悪く、「チャプター11（倒産処理手続き）」をするかしないかの状況です。最後の砦として白羽の矢が立てられた彼女は、ただゼロックスに長年勤めていたというだけで選ばれました。断ることはもちろんできず、目の前で起こる突然の変化を受け入れます。

でも彼女は、愛社精神が強かったですし、チームをつくる能力や、人とコミュニケートする能力に優れていました。リーダーになるためのコアスキルを身につけていたこと、また家族のサポートがあったことも大きかったと言えます。

そこで彼女は、チャプター11を選ばず、ゼロからリーダーになる術を学び、ゼロックスを奇跡的な回復へ導いたのでした。

ある意味でこのケース（事例）は、ビジネススクールのマネジメント教育の必要性に反するような、特殊なケースだと思います。しかし教授はあえてこのケースをとり上げ、テイクアウェイ（ケースから学びとれる汎用性の広い教え）として学生たちに考えさせたのです。

この授業で教授が発信したメッセージは、次のようなものでした。

「彼女のように、準備ができていなくても受け入れなくてはならないようなことは、きっとみんなの人生でもこれから起こるだろう。でも、将来はエンジニアリングのように計画してつくり出せるものではない。そんなときは、人生は一つの長い学習の道だと思えばいい。いま目の前で起こっている変化を受け入れたときに、私はどれだけ、理想の自分に近づくための学習ができるだろうか、という質問を自分に投げかければいい」

そして教授は、こう付け加えました。

「その学習の道を歩むためにも、サポートしてくれる人を見つけること。そして、その人たちのために、そのサポートをあたためるために、自分は何をすべきかを忘れないこと」

自分がどんなフェーズ（段階）にいて何を経験していようとも、つねに謙虚かつ自信ある自分でいるために、正直に向かい合える人を見つけることが大切だと、教授は説きました。

つまり、ここにあるのは、もはや理論を超えたもの。世の中では予測不可能なことが唐突に起きる。それらの出来事に対処していくためには、謙虚さや自分への信頼感、そして「愛」が重要だと〝学校の授業〟で説いているわけです。

それが世界に誇る、ハーバード・ビジネススクールの「リーダーシップ」の授業でということは、特筆されるべきことだと思います。

ジャック・ウェルチが教えてくれたこと

「人生における大きな決断」は、ハーバード・ビジネススクールでもよく問いかけられる問題です。何より意義深いのは、教授が自分の生き様を体験として語ってくれることでしょう。

たとえば先のゼロックスの例をとり上げたのは女性の教授でしたが、彼女は経営者の例と対峙させて、自分自身の話もしてくれました。

彼女はハーバードに教授として来る前、大手コンサルティング会社のロンドン・オフィスでコンサルタントとして活躍していたそうです。

ではどうしてコンサルタントの生活に終止符をうち、教授になろうと思ったのでしょうか？

その理由には、お子さんの誕生があったそうです。出産に際して、彼女は当時の上司で、大変尊敬していた女性であり、やはり母親でもあるコンサルタントに相談をしました。

「どうやって、コンサルタント業と母親業を両立させていけばいいのでしょうか？」

返ってきた答えは、次のようなものだったのです。

「子どもっていうのは草木と同じ。水やご飯を与えていれば、自分自身の力で育っていくものよ」

それを聞いて教授は、「どうして自分はこれまでこの人を尊敬していたのだろうか」と思いいたり、「このままでいいのだろうか」と考え始めたそうです。それが研究者として大学に戻ることにつながりました。

こういう問題は非常にデリケートで個人的なこと。日本の大学教授で、授業中にこんな話をしてくれる人は少ないのではないかと思います。

しかしハーバード・ビジネススクールでは、そうした問題を問うのです。それは大学が勉強を教える場所であるだけでなく、「なぜ勉強をするのか」という根本を問う場所でもあるからです。

ハーバード・ビジネススクールに入る学生たちですから、もちろん彼らの視野の先には「経営者になりたい」という目標だとか、コンサルタントや金融のスペシャリストといった成功への道が描かれています。

しかし一部の学生の期待とは裏腹に、大学は成功の方法を伝授するだけでなく、成功の意味や仕事の価値などを説いてくる。当然、迷う人も出てくるし、悩む人も出てくる。

実際、全科目が必須である一年目よりも、選択科目のみの二年目のほうが、ルールのない真っ白いキャンバスを与えられて「自分だけの絵を描いてみて」と言われているようでした。

いま思い返すと、ハーバードでの二年間はつねに悩み、考え、相談し、もがき、行動し、検証し、そして吟味をしていた気がします。

でも、そうして考えさせていくことこそ教育であるという、理念なのだと思います。「これが知りたい」「では教えましょう」という単純なやりとりではないのです。

成功への道と言えば、ハーバード・ビジネススクールでは、数多くの〝成功者〟とされる人たちが大学へ来て講義をしてくれます。

私が在籍していた当時、アメリカで経営学を学ぶ人間なら誰もが憧れる存在、GEの元CEO、ジャック・ウェルチ氏が講義をしてくれたことがありました。そのときに心に残ったメッセージは次のようなものです。

Change your mindset from being about "you" to being about "them."

Management is about "them."

（ビジネススクールでは毎日、自分の意見を他者に伝えるために挙手するけれど、ここを出て経営者になったら、自分のためでなく他者のために動くこ

とが経営だとわかるだろう。経営とは、つねに誰かのためにするものだ）

Never modify yourself to play a game in a corporation.
Never sell out yourself.
Don't let yourself lose your soul;
Authenticity is everything.
（自分らしさを失うということは、魂を失うことと同じ。自分らしくいられない会社で時間を無駄にするな。会社にフィットするために、自分を裏切るな。真の自分であることが何よりも大切なのだ）

ここにあるのは、経営学のハウツーでなく、まさに「哲学」そのものです。

何のために、そこまで学生たちを悩ませるのか

日本の大学では、よほど変わったゼミでなければ、人生について考えさせることは少ないでしょう。

ところがアメリカでは、日本人が考える以上に、人生のこと、仕事のこと、自分が向かおうとしている進路は正しいのかということを、学生たちに考えさせるのです。

大学は決して、知識やスキルを学生に授ける場ではない。考えさせ、悩ませ、本人にとって最善の選択ができるようにうながす場。日本人が思う以上に、人間教育の精神が強いのでしょう。

ハーバード・ビジネススクールのような、目的や役割がハッキリした高等教育の場ですらそうなのです。まだ考えができ上がっていない基礎の段階の若者が学ぶカレッジ（大学）や高校では、より顕著にそうした考えが出てき

ます。

とくにリベラルアーツ・カレッジやボーディングスクールといった、エリートを育成する場では、より入念に深く考えることを強いるのです。

だから学生のほうも、必然的に目的意識が高くなります。

私たち女子大生が、夜中の三時、四時まで語り合っている。その中身は何かと言えば、「大学院はどこへ行くべきか」とか、「外交の研究はどうだろう」とか、「資本主義は本当に正しいのか」といった問題でした。日本の大学ではなかなか考えられないことだろうと思います。

「あの男性、かっこいいよね」といった話をした記憶というのは、正直、私はリベラルアーツ・カレッジ時代にはまったくありません。

ハーバード・ビジネススクールでいちばん記憶に残っている教授に、一年目一学期の会計を教えてくれた、パイパー教授という方がいます。

会計といえば、通常ならば非常にテクニカルなことが教えられる科目です。しかし、やはりアメリカの、ハーバードの授業はそうでないのです。

パイパー教授はよく学生一〇人ほどを囲んで、少人数のランチを開催してくれたのですが、そこでつねに考えさせてくれたのは「目的意識とプロフェッショナリズムをもった生き方を」というテーマでした。

どういうことかといえば、よく教授が言っていたのはこんな話です。

「お金や役職などは、誰かに簡単に奪われてしまう。そういうものを追い求めると、今回のような不況になったとき（ちょうどリーマン・ブラザーズが倒産した時期でした）、自分を見失ってしまう。そうではなくて、どんなときも決して誰にも奪われないものを探し、見つけて、育てていってほしい」

金銭や地位を自分にとっての基準にすると、状況が変わったときに一瞬にすべてが奪われてしまいます。でも、自分がやりたいこと、成し遂げたいこと、変えてみたい世界、そういったゴールを掲げて行動していけば、日常の変化に大きく打撃を受けることなく、自分を見失わない――。

教授はよく不正会計などの問題をとり上げ、幸福な人間として人生を送るために「目的意識とプロフェッショナリズム」をもつべき、といったことをテーマにしました。その「プロフェッショナル」の部分に、会計という専門的な要素が入ってくるわけです。

この発想の違い、深さ。ここにアメリカで言われる「勉強」の本質があるのです。

私が本書で提示したいのも、まさにそうした「生き方を決める勉強」です。迷ったときに自分がどうすべきか、どう対処すべきかを決める本質的な勉強の必要性なのです。

おそらくそうした勉強は、記憶重視、成果重視の日本の「勉強」からは得られません。でも、それにとらわれているのは日本だけであって、世界標準からは大きく外れているのです。

人生設計の授業で「成功の定義」をつくる

現実に、私たちは迷い、悩みます。

おそらく日本にいる皆さんも、学校で直面する壁や、仕事で遭遇する問題など、たくさんの悩みを抱えているでしょう。だからこそ勉強し、いまの自分をレベルアップさせていこうと考えるのだと思います。

ただ日本の勉強は、基本的には「解答」を学ぶ勉強ではないでしょうか。だから本屋さんには多くのハウツー本が並び、セミナーなどの選択肢が豊富に広がっている。私たちが悩むのは、つねに「一体どの答えを受け入れたらいいの？」ということだと思います。

一方で私が経験してきたアメリカの勉強は、日本にいたら考えもしなかった根本的なことや、当たり前と思っていたことにまで遡って、「それは本当に正しいのか？」を徹底的に考えさせる教育です。

アメリカの高等教育のなかでも、とくにハーバード・ビジネススクールなどは、最初から卒業後の進路を思い描き、計画的に入学してくる学生が多い場所です。それでも、学生たちは入学後、思い描いていた目標や人生で望んでいること、あるいは成功の定義などを一変させられてしまう。これはとても幸せなことなのでしょうが、正直、頭に汗をかきすぎます。

でも、考えてみれば人生において、答えはつねに自分で出さなければいけないのです。

社会の重要なポストで仕事をする期待を背負うハーバードの卒業生ですか

ら、少なくとも「自分で答えを出す能力」は卓越していなければならない。人一倍考えさせられて当然なのでしょう。

実際、ハーバードでは「人生設計」や「自己分析」の科目が、選択科目の二年目になってもたくさん提供されています。

私がとった自己分析系の授業に、「Building Business in the Context of Life」という科目がありました。「人生とビジネスの設計」とでも言うのでしょうか。自分の人生をつくり上げていくなかで、起業などのビジネス要素をどうとり入れていくかをさまざまな実体験をもとに考える授業でした。

この授業では、多くのハーバード・ビジネススクール卒業生のケース（事例）を読んだり、あるいは多くの卒業生に来てもらったりして、彼ら彼女らが、どのような基準でいままで選択を行なってきたか、あるいは家庭と仕事、個人の生活をどうやってつくり上げていったかを調査しました。

成功体験ばかりではありません。ビジネスで失敗を経験した話もあれば、離婚体験を生々しく話してくれた卒業生の方もいました。

もちろん、調査をしてレポートにまとめることが授業の目的ではありません。この科目のファイナルプロジェクトは、自分の人生設計をすることにありました。

だから最後には「自分の人生の設計図」をつくらされるのですが、ワードにして二〇ページ以上。まず自分の経歴を書くことから始まり、ハーバードに来るまでの過程、いままでの人生の決断に大きな影響を与えた人物などをまとめていきます。

このプロジェクトをまとめるため、私は自分に影響を与えた人物へのインタビューもしました。

「あなたにとって成功の定義とはなんですか？」

「人生のマイルストーン（大きな節目）はなんですか？　どうしてそれをマイルストーンだと思うのですか？」

「これまで困難をどのように乗り越えてきたのですか？」

こういった質問を、自分の両親や恩師、またハーバード留学前に仕事でお世話になった方たちに聞いて回ります。

自分の過去を振り返り、掘り下げ、また人生の先輩にインタビューをするなかで、授業では自分の「成功の定義」をつくることが求められます。

私が考えた自分の成功の定義は、こういうものでした。

To succeed means to be fully self-aware, not being influenced by others, and be able to pursue my original way of life in order to make a positive change in someone's life through work, family, and community involvement.

日本語に訳すと、こうなります。

「私にとっての成功とは、自分をよく理解し、他者に影響を受けることなく自分らしいオリジナルの人生を追求し、仕事や家庭、社会への関与により誰かの生活をよりよくする変化を起こすこと」

成功の定義ができ上がったところで、家庭、仕事、自分、コミュニティの四分類から、現在の自分の置かれている状況と理想とする状況を表にし、理想に近づくためにそれぞれ行なわなければいけない行動と戦略を書き出していきます。

そしてこれを「中期的」「長期的」と分けて、深く掘り下げていく。また一年目に全学生が受ける「自己分析診断」の結果と照らし合わせ、理想に近づくための問題点も洗い出していきます。

具体的なところでは、中期的、長期的なプランを実行するためのフィナンシャルプランニングも、エクセルを使って行ないました。

現在の総資産や借金、給料などのデータを元に、一〇年後、二〇年後の自分の総資産を計算します。ハーバードの授業料を払うための一〇〇〇万円近い学費ローンがあったため、卒業後数年は毎月のキャッシュフローがぎりぎりでプラスという見通しになり、非常にがっくりきたものです。

プロジェクトの最後には、自分が理想とする人生を歩んでいるか、目標に近づいているか、目標を見失っていないかを定期的にモニタリングし、チェックするシステムをどのようにつくっていくかというところまで、考えさせられました。

私の場合は、毎年誕生日の月に人生設計を見直す、仕事と関係のないところでメンターをもち定期的にアドバイスをもらう、年に二週間は休みをとり家族だけで過ごして自分を見つめ直すといったことを、〝システム〟として考えたのです。

これがハーバード流の「人生設計」でした。

ここまで徹底的に「勉強する意味」を考えさせられる。

だからこそ、ハーバードを卒業したエリートたちは、自分が勉強したことをはるか先の将来にまで生かすことができるのです。勉強とは決して一過性のものではありません。学んだことを「学び終わったあと」で生かせないのでは、学ぶ意味もないからです。

Chapter 2

考える、考える、答えは出なくとも考え尽くす

……アメリカの学校で徹底される「思考力」の訓練

まず問われるのは「君は何者なのか？」

周りが外国人ばかりの環境に、ポツンと一人……。

自分がそんな状況になったと考えてみてください。

いったいどんなことを感じると思いますか？


私が一六歳でアメリカのボーディングスクールに来たときは、まさしくそんな状況でした。

ほかに日本人がいなかったわけではありませんが、高校くらいから来ている子は、父親が仕事で海外赴任をくり返していたりして、自分も海外の学校を転々としている場合が多いのです。

彼ら彼女らは「本物の帰国子女」という感じで、英語もほとんど地元の生徒のようにしゃべれるし、どんな国の子とも簡単に仲良くなります。

私はといえば、日本で普通に生まれ育った、英語もロクにしゃべれない女の子だったのです。

大学、大学院とアメリカで教育を受けて、アメリカで仕事をする現在ですら、「帰国子女」と言われてもピンと来ないし、「バイリンガル」とされるのは誤解だと思っています。

言語学的に見れば、一六歳から学んだ英語では、そもそも自分のネイティブランゲージ（母語）にはならないのです。

だから、同じ日本人なのに、ボーディングスクールに在籍していた帰国子女の子たちを見て「私と同じ日本人」という気持ちはありませんでした。むしろ、留学して私が真っ先に感じさせられたのは、「自分は日本人である」という、普段は意識しない事実でした。

アメリカに限らず、それまで日本にいた日本人が海外の学校に入ると、「自分のアイデンティティを組み立てる」ということをまず体験します。つまり、「自分は何者なのか」ということ。一六歳だった私にとって、この経験は新鮮な〝驚き〟でした。

そもそも私は、日本にいたときに「自分は何なんだろうか？」とか、「一体なぜ勉強するのか？」といったことを考えたことがありませんでした。

私は当時、お茶の水女子大学附属高校という中高一貫の女子高に通っていて、変わり映えのしない同じ顔ぶれ、面白く感じられない暗記中心の授業にうんざりしていました。

「そんなものだ」といえばその通りなのでしょうが、日本の高校生がなぜ勉強するかといえば、ほぼ一〇〇パーセント「受験のため」です。学校も、教師も、もちろんそのつもりで授業をしています。どうも私には、それが「面白い」と感じられません。

もっと脳を刺激するような知的な日常を過ごしたい……。

おそらくは生意気な高校生だったのでしょう。

私は一念発起して、高校を中退する形で留学したのです。

自分の兄弟にも同学年の子にも、高校を中退して留学する人なんていませんでした。だから大きな決断だったのですが、私は、両親の古くからのアメリカ人の友人から紹介してもらってボーディングスクールのことを知り、入学することにしました。

そうして留学して真っ先に突きつけられたのが、「君は何者なのか（Who are you?）」という、根本的な問いかけだったのです。

このボーディングスクール入学から、私の〝ハードな〟アメリカでの「白熱教室」の体験が始まるのですが、やがては「私が探し求めていたのは、結局これだったんだ」と気づくことになります。

「日本人とは結婚できない」と話したクラスメイト

「君は何者なのか」という問いかけに戻りますが、アメリカでは実際に「自分のアイデンティティを組み立てること」が授業でも実践されています。私のような留学生だけが体験することではありません。

言うまでもなく、それはアメリカが、移民によってつくられた多民族・多宗教の国だからです。日本人にはわかりにくいと思いますが、実際にアメリカは「アメリカ人」という感覚をもちにくい国なのです。

たとえば、アングロ・サクソンの家庭に生まれたとしましょう。

学校や会社で、普通にカナダからだったり、オーストラリアからだったり、欧州からだったりと多くの留学生・外国人がいます。彼らは同じ白人で、自分たちに近く感じる。

一方で国内には、ジャパニーズ・アメリカンの日系人もいれば、英語をほとんど話さないヒスパニックの人もいるわけです。どこに「自分たち」という枠組みを置いていいいか、非常に迷うことがあります。

もちろん、そういった問題に「答え」などないのかもしれません。

しかし、アメリカ社会で起こるさまざまな問題に対処するためにも、根本的なアイデンティティの問題を子どもに真剣に考えさせるのが、アメリカ流の教育になるわけです。


そこで、具体的にどんな勉強をするかですが、私が進学したリベラルアーツ・カレッジのオキシデンタルには、「Race, Gender and Justice」という授業がありました。

訳すと、人種（Race）、ジェンダー（Gender）、正義、平等（Justice）ということになりますが、マイノリティの問題をとらえるなかで「自分自身のアイデンティティ」を組み立てていくのがテーマのクラスでした。

たとえば「インターセクショナリティ」という講義では、家系の出自やバイセクシュアルのような微妙な問題までをとり上げ、自分自身を構成する要素をさまざまにとらえていきました。

日本人だと「私は日本人です」で終わる問題が、アメリカでは「国籍はアメリカ合衆国で、先祖はどこの国の人で、親はどこの出身で、自分の性別は何で、恋愛対象は男女のどちらで、信仰は何で……」と非常に複雑になってくるわけです（そのさまざまな要素が交差する点が自分らしさ、自分のアイデンティティだという意味で「インターセクショナリティ」という名前がつけられています）。

私のクラスでも、一〇人ばかりの少人数で丸テーブルを教授と囲み、自分の個人的なバックグラウンド（両親の出身地、自分の宗教、恋愛対象など）を語り合いながら、議論しました。

いちばん記憶に残っているのは、移民系のクラスメイトたちの話です。アメリカ人は元をたどればほとんど移民ですが、両親が移民一世の場合、家ではスペイン語や中国語などの母国語を話していることが多く、自分は何者なのだろうか、とより一層考えるのでしょう。

中国系の移民二世の子が議論のなかで、

「僕の祖父は、戦争の過去が忘れられないから日本人とだけは結婚しないでくれと僕に言います」

といった話をしたこともあります。

私は、こういうことを議論で発言できる環境はいいなと思いました。そういう〝バリアフリー〟な環境だったからか、私も、日本独特の移民に対する偏見などの話をしたのを覚えています。

こうした問題を、個人情報だからとか、差別につながりかねないということで包み隠すのではなく、むしろ「自分らしさ」として強く誇れるものにしていこうという教育を施す。

すべての自分らしさを許容し、受け入れていくことを「学校の勉強」として考えていくわけです。これは多くの問題を〝タブー〟とし、くさいものにフタをしている日本の社会では、なかなかありえないことでしょう。

日本という国を鳥瞰図で見てわかること

　この「Race, Gender and Justice」は大学の授業でしたが、高校のボーディングスクールでもやはり、留学生が多いため、「自分自身のアイデンティティ」を強くするとともに、「人種を超えた価値観」を磨くことが要求されます。

　たとえば、ボーディングスクールには必ず「インターナショナル・タレントショー」という行事があります。この行事では「外国から来た子」の紹介を、別の国の生徒がやるのです。

　当然、相手の国を知り、その地に敬意を表する気持ちがないと、なかなか紹介などできません。

　アジアを考えてみたって、日本人に韓国人、インド人……とたくさんの留学生がいます。中国人となると、本土出身、香港出身、台湾出身で、かなりアイデンティティが異なってきます。

その差を本人が自覚するだけでなく、集団のなかでは人間関係の問題としても考えていかなければならないわけです。

毎日のようにそうした国籍・人種の絡んだ人間関係に直面すると、イヤでも「自分自身が日本人であること」を自覚せずにいられません。

日本にいるとつい忘れてしまいますが、「他者からどう見られているか」という視点は世界に出れば重要なことなのです。変に自虐的になったり、ときに捕鯨問題などでナショナリズムに傾いたりと、海外から見れば不思議な行動をとる日本人は、そうしたグローバルな視点をもっと養うべきだろうと思います。

「自国の伝統だから、ほかの国の人にとやかく言われる筋合いはない」などと言っていたら、どんどん孤立するだけです。べつに他国のマネをする必要はありません。ただ、日本という国を鳥瞰図《ちょうかんず》で見てみたらどうだろう、という視点をつねにもち合わせておく必要はあります。

そのことを知るだけでも、留学する価値があるかもしれません。

世界に出たいなら、まずは自国の歴史を知ろう

「他者からどう見られているか」という点に関して言うと、アメリカの学校に入ると、日本人は必ずほかの国の子から日本について質問されます。

それも、高校から大学、さらに大学院とレベルが上がるにつれて、「より難しいこと」を聞かれるようになっていくのです。だから自国の歴史や文学を熱心に勉強しないと、アメリカではやっていけないところがあります。

もちろん授業でも、日本のことがテーマになると、真っ先に私のような日本人留学生は、教授からの指名を受けます。

たとえばハーバード・ビジネススクールの一年目に、マクロ経済の授業がありました。そのときに日本の高度経済成長期のケース（事例）をとり上げることが結構あったのです。

日本人がこの授業に臨むときは、あらかじめかなり勉強しておかなくてはなりません。時代背景などを頭に入れ、自分の意見をしっかりつくっておかないと、とんでもないことになってしまいます。

実際、アメリカという国は、歴史的に考察するのが非常に好きな国なのです。ひょっとしたらそれは、日本のように古い歴史をもっていないからかもしれません。

浅い歴史かもしれませんが、アメリカでは、建国から現在までの経緯を徹底的に掘り下げて学びます。

日本では日本史をおろそかにする学校もあるそうですが、アメリカの高校では「アメリカ史」は必修。しかも、アメリカ人にすら難しい授業を行ないます。

同じ授業を留学生にも学ばせますから、基礎知識を事前に入れておかないとなかなかついていけません。

私は「難しい授業は先にやってしまいたい」という性格だったので、ボーディングスクールでアメリカ史を早めにとろうとしましたが、「三年生になるまで待ったほうがいい」とアドバイスされました。しかし、そのアドバイスを聞かずに二年生のときに受講し、大変苦労した記憶があります。

ボーディングスクールでは学期ごとに成績がつくだけではなく、各学期を三分割して成績を生徒と保護者に配っていました。アメリカ史をとって最初にもらった中間成績がひどかったので、ショックのあまり、私は廊下に出て泣いてしまったのです。

その日の夜は食堂で「トモ、廊下で泣いてたらしいけど、なんかあったの？」と友人に声をかけられたほど。しかしその後、個人的な勉強会を先生に何度も開いてもらい、最終成績は見事よいものとなりました。

アメリカの歴史の授業が日本ととくに違うのは、現代に近い時代ほど、熱心に勉強させるという点です。

日本で日本史の授業をとったときは、確か、縄文土器とか卑弥呼の時代を学んで、最後に太平洋戦争まで来たらそこで学年が終わって、授業も終了したような記憶があります。逆にアメリカではニクソンとかレーガンとかクリントンとか、現代の大統領の政治までしっかり勉強させられるのです。

この点でも、歴史の勉強をするのは、基礎知識としてではなく、「いまのアメリカで実際に生活していくのに役立てるため」という感覚が強いのかもしれません。

ただ、重視しているのは、やはり第二次世界大戦の歴史でした。ちょうどアメリカが世界の中心に躍り出る時代でもあるので、その掘り下げ方はすごいし、日本人の私にとっても「とても面白い授業」でした。

歴史の授業で「事実」をどう論証するかを学ぶ

前章で述べたように、アメリカの教育は「考えさせる」ことを重視しています。

だから歴史の授業も、日本のように先生が黒板に書いて「過去に起こったこと」を教えるという形ではありません。生徒に徹底的に考えさせます。

そして考える以上、正解がどこかにあるわけではありません。

実際、こと教育の場となれば、ボーディングスクールのような高校レベルでさえ、生徒に考えさせ、客観的な立場で検証をさせます。それがはっきり示されたのが、第二次世界大戦の教え方でした。

アメリカで敗戦国の国民である日本人の私が学ぶのですから、非常に微妙な立場にいるように感じる方もいるでしょう。しかし私が体験した限り、決して「日本が悪い」といった一方的な決めつけはしていませんでした。

たとえば、パールハーバーの奇襲攻撃。手違いで日本の宣戦布告が遅れたこともあり、日本人のイメージだと、アメリカは突然襲われたことで報復心に火がついたとか、それで一方的に日本を責めている、という印象になるのでしょう。

でも、「どちらが悪い」という議論は、授業では行ないません。その代わり議論の題材になったのは、「ルーズベルト大統領が、その攻撃を材料にして、士気を高めたり愛国心をあおったりした事実」でした。

原爆投下に関しても、授業でやったことは是非を問うことではなく、事実を検証することでした。むろんアメリカにもさまざまな立場が存在していますが、歴史の勉強は「いい」「悪い」という判別でなく、事実をどう読み解くかという論の立て方だったのです。

つまり、一つの歴史的事実をとっても、誰かの目から見たら黒が事実だけれど、もう一人の目から見たら白に見えるということがある。

たとえば原爆に関して言うならば、アメリカでは「原爆がなかったら戦争が終わることはなかった。だから投下は正しい判断だった」という意見もあれば、「いや、原爆を投下しなくても戦争を終わらせることはできた。あれは間違っている」という意見もあります。

学校の歴史の授業では、どちらの意見も議論のなかで登場しますが、どちらが正しいと決めつけることはありません。

ただ、「事実からあなたは何を考えますか」ということを論理立てて考えさせるのです。当時の背景を自分なりの立場で理解し、また議論もする。それがアメリカの「歴史教育」なわけです。


歴史の勉強で、重要なのがその「事実」そのものの定義です。アメリカの歴史の授業で、日本と大きく異なるのが教科書の使い方でした。

日本だと、教科書はおそらく「絶対」で、そこに載っていることが「歴史的事実」です。高校で歴史の勉強といえば、教科書に書いてあることをどれだけ頭に詰め込めるかでしょう。

アメリカにも、一応はテキストブックがあるのですが、ほとんどそれは重要視されません。その代わり何を読むかといえば、当時の一次資料を読まされるわけです。

一次資料とは、たとえば大統領のスピーチや当時の新聞の切り抜きのコピー、ほかには法律や議事録など。これらは英語で「Primary Source（プライマリーソース）」と呼ばれますが、分量も多いし、書いてあることも非常に難しい。日本なら、大学の歴史学科でもなければ読むことのないものでしょう。

プライマリーソースは、歴史に限らずアメリカのさまざまな授業で重要視されます。たとえば論文を書くときも、「最低一〇本のプライマリーソースを使って論を組み立てること」といった条件が課されることが多いのです。

テキストブックや参考書など、時系列にわかりやすく項目が並んでいるものと違う「生データ」を使って思考をめぐらせ、自分の言いたいことを主張する。そこから、大学や社会で必要となる「リサーチの行ない方」を学んでいくのでしょう。

しかも授業時間は、あくまで自分の論を発表したり、議論をする場です。だから生徒は、すべて「宿題」として、その授業時間までにプライマリーソースを読んでこなければなりません。

あとでハーバード・ビジネススクールの勉強法も紹介しますが、「課外」を重んじる点では、ボーディングスクールも大学院と変わりありません。とにかく予習がハードであり、しかも予習なしではほとんど参加できないのが、アメリカの学校なのです。

「国語」の授業では文学でディスカッションする

ボーディングスクールの話を続けましょう。予習が必要なのは、ほかの科目も同じ。とくに日本と大きく異なるのは「国語」の授業でしょう。

もちろんアメリカの「国語」ですから、日本語で言うところの「英語」。といっても、高校レベルですし、文法や会話を勉強するわけではありません。アメリカの国語は、文学を学ぶという側面が、日本に比べて強いように思います。

そして当然ながら、ボーディングスクールでは外国人であろうと必修の科目です。

日本でももちろん、代表的作家の文章を国語の授業で読むと思います。夏目漱石とか志賀直哉、あるいは古典では紫式部や清少納言など。短編の物語や、あるいは抜粋のような形で、代表的作家の文章が教科書に掲載されています。

残念ながらアメリカの高校に、そんな便利なテキストブックはありません。だからどうするかといえば、一冊をまるまる読まされるわけです。

私の記憶している限りでは、ヘミングウェイの『日はまた昇る』、フィッツジェラルドの『グレート・ギャッツビー』、サリンジャーの『キャッチャー・イン・ザ・ライ』、ジャック・ニコルソンの映画で有名なキージーの

『カッコーの巣の上で』など。シェイクスピアやギリシャの古典も読んだ記憶があります。

こちらも授業中はもちろん、朗読の時間ではありません。やはり歴史と同様、授業でやるのは意見発表とディスカッションです。

すると「文学を読むこと」そのものは、次の授業までの課題になるわけです。「明日までに三〇ページまで読んできて」と宿題で出されるのですから、英語圏に生まれていない留学生には相当ハードな学習になります。

おまけに、歴史もそうですが、ただ読んでくればいいというのではない。読んだうえで自分の意見を構築しなければならないのです。ついていくのは大変でした。

それでも一冊をきちんと読んだのは、私にとっていい経験になりました。

日本では、有名な作家の作品でも、本をきちんと読んでいないことが意外に多いのではないかと思います。問答無用で読ませるアメリカの教育に賛否はあるでしょうが、だからこそ「古典」が「国民共通の財産」となり、「国民文学」が成り立っているのです。

作家の名前だけ知っていても、やはり文学は国民に定着しません。

なお、いくらアメリカの学校とはいえ、そこまで要求するのでは、英語圏の生徒とそれ以外の留学生とで差がついてしまいます。

だから、私のように英語を第二言語とする生徒は、学校によっては「ESL（English as a Second Language）」という特別な授業を、国語の授業と並行して受けさせてもらえます。こちらは英語の文法学習が主で、受けているのはほぼアジア各国からの留学生でした。

じつは私は、留学二年目の始めにアニーライト（Annie Wright School）という学校からウィリストン（Williston Northampton School）という学校に、ボーディングスクール間で転校をしています。最初のアニーライトにはこのESLがあり、英語が得意でない留学生を受け入れる体制が整っていました（私は、留学当初のTOEFLの点数が惨憺《さんさん》たるものだったので、ESLにはずいぶんお世話になりました）。

しかし、二年目のはじめに転校したウィリストンは、英語力のある留学生しか受け入れない学校だったため、ESL自体が設置されていませんでした。その結果、私は「英語はできて当たり前」という環境で、アメリカ人と平等に授業を受けさせられました。

日本には「英語ができるようになりたい」という動機で留学する人もいるのでしょうが、「そういう段階は、一年やるからそれで済ませてしまってくれ」というのが、アメリカの学校の考え方。勉強の真の価値は、当然、語学の習得よりずっと深いところにあるのです。

テストは「持ち込み可」三〜四問の論述形式ばかり

ディスカッションを重視するアメリカの教育ですが、それでもボーディングスクールでは、ディスカッションの成績は全体の評価の二〇パーセントくらい。残りの八〇パーセントは、テストとペーパーの成績で決まります。

また、成績自体に影響は出ないものの、出席日数も当然規則の一部として決められており、それを満たせなかった場合はそのクラスはパスできないということになります。

だからテスト前がハードになるのは、アメリカも日本と同じです。

実際、日本よりも成績重視の傾向が強いですから、よりハードになるかもしれません。

ただ、日本のように「教科書に出てくる言葉を暗記しなければいけない」といった形の勉強はありません。テストは基本的に「オープンブック」といって、教科書を持ち込んでいいし、問題は「選択問題」や「穴埋め問題」ではなく、すべて「〇〇について論ぜよ」といった論述形式なので、一夜漬けはあまり意味がありません。

もちろんカンニングしようと思っても、これではできないのが普通です。論述形式ですから、出る問題の数もほとんど三つか四つ。五つを越えることはめったにありません。

テストと合わせて、ボーディングスクールでは「ペーパー」も重視されます。こちらは日本で言うところの「レポート」と同じで、一〇ページか二〇ページの小論文を書かされます。

「ペーパー」は一つのプロジェクトとして、最低三週間から四週間くらいかけてつくり上げるものです。テストにしろペーパーにしろ、アメリカの高校の成績評価は、日本ならば大学の授業でやるものに近いかもしれません。

たとえば先ほど紹介したアメリカ史は、期末試験に論述式のテストがあっただけでなく、ペーパーとグループワークもありました。ペーパーは個人の作業で、私は第二次世界大戦の「マンハッタン・プロジェクト」について研究をしました。

テーマ設定からアウトライン（概要）の作成、必要な情報の収集からペーパーのまとめまで、すべてを自分で行なうので相当な作業量です。図書館からありとあらゆる本を二〇冊ほど借りて、使えそうな文に手当たり次第ポストイットを貼っていき、データが集まったところでアウトラインやテーマを作成して、ペーパーをまとめました。

グループワークについても説明すると、四人で一チームとなり、四人の先生（普段教えてくれているアメリカ史の先生以外に、別のクラスでアメリカ史を教えている先生三人）を相手に、実際にアメリカ近代史で起こったメジャーな訴訟を題材に議論をするというものでした。

二人ずつ原告と被告に分かれ、どうしてそれが憲法違反なのか、憲法違反ではないのかを議論させられたのです。

私のチームは、アメリカのある田舎町で昔、クリスマスの時期にサンタクロースの人形を市民センターのような場所で飾ったところ、それがキリスト教を町が間接的に支持していることになると他宗教の信者から訴えられたという訴訟を扱いました。

これはアメリカ合衆国憲法の「First Amendment（修正第一条）」にある「信教の自由」に関する訴訟です。議論のあと質疑応答の時間になると、四人の先生から質問が飛んできて、大変緊張したのを覚えています。

ちなみに、「アメリカ史でなぜ憲法違反の話を？」と思うかもしれませんが、じつはアメリカ史の授業の多くの時間が、アメリカの憲法と法体制がどのようにつくられていったかの勉強に割かれています。

おかげで大半のアメリカ人は、「Fifth Amendment（憲法修正第五条）」といった単語がニュースに出てきても、それが何をさすかがだいたい頭に入っています。

テストの話に戻ると、たとえば数学のような科目では、計算機も自由に使えます。関数の計算も計算機を使えるので、時間をかけて苦労して問題を解くようなことはほとんどありませんでした。

最近では日本にもそういう学校があるようですが、九九のような暗算文化をもっている国から見れば、アメリカ人は数字に弱いかもしれません。実際、「アジア人は数学の授業で苦労することはない」と言われています。

数学など、「できる人はものすごくできる」という傾向がありますから、高校などでは普通に飛び級が認められています。

実際、私より下の学年だけれども、三つぐらい上のレベルの数学をとっている男の子がいました。ただ、数学は大学一年レベルなのに、彼は国語が苦手で、初級の授業を受講していました。

基本的に国語、数学、歴史は必修ですが、受講する授業のレベルは各自の自由です。だからこの男の子のように、数学は大学レベル、国語は初心者レベルといったことが可能になるのです。

物理や化学などそれ以外の科目はテーラーメイドで、自分で選べるようになっていることが多いようです。最終的には、自分の能力に合わせて進学する大学を決めることになりますし、将来を見据えたカリキュラム選びが高校から始まっていきます。

ほとんどの日本の高校では、このような科目は選択科目でないと思います。しかし、与えられたものをこなせるようになる能力よりも、自分の考えで選んで組み立てていく能力のほうが、大人になってからはるかに役に立つのではないでしょうか。

アメリカの高校に楽しい放課後はない

では、日本では必須科目として扱われることの多い、美術や音楽、あるいは体育のような授業はどうなのでしょうか？

美術（アート）の授業は、ボーディングスクールにもありますが、「やってもやらなくてもいい」という選択科目扱いです。私は美術が好きだったので、「Drawing（絵の具を使わない描画）」の授業をとりました。ほかに音楽などをとることもできます。

体育は学校によりけりで、最初に入学したアニーライトでは「Physical Education（体育、一般にＰＥと略される）」は必修でした。転校したウィリストンでは、体育は放課後の「アクティビティ」と言われる課外活動になり、やりたい人はバスケットボール部などに入っていました。

このアクティビティというのが、日本で言う「クラブ活動」に相当するのでしょうが、高校生が誰でもスポーツをするわけではありません。

アクティビティでスポーツをする人は、ものすごくレベルが高いのです。ほとんどが地域大会などでの優勝をねらい、それでスカラシップ（奨学金）をもらって大学へ行こうと考えています。

しかし放課後のアクティビティ自体は必修なので、何か一つはやらないといけません。だから運動がずば抜けてできる子ども以外は、またはそれ以外に興味がある場合は、アート、コミュニティサービス、音楽、シアター（演劇）……などといった活動のなかから、どれか一つを選びます。

私はＮＰＯやボランティアなどに興味があったので、ボランティアのコミュニティサービスをとっていました。

その内容はといえば、近所のおじいちゃん、おばあちゃんの家に行って庭の掃除をしたり、お話の相手をしてあげたり。あるいは近所の幼稚園に行って子どもたちに絵本を読んであげたり、問題児の多い小学校へ行って遊んであげたりということもしました。

こうした経験ができるのは、やはりアメリカの高校ならではでしょう。勉強漬けの毎日のなかで、ほっとできるひとときであり、私には楽しい時間の一つになりました。

次章でもうすこし日常生活のさまざまな面にも触れていきますが、ボーディングスクールについて言うと、寮生活のなかで、朝の八時から午後三時までが授業、三時半から五時半までがアクティビティでした。

アクティビティを日本の高校のクラブ活動感覚でサボってしまうと、教師に報告が行って、減点が三点たまると退学の危機です。

ですから、友だちと遊んだり、楽しくサークル活動をやったりという余裕などまったくありませんでした。

そのあとも五時半から七時半までしか食堂は開いていないのでその時間内

に夕食をとらなければいけないし、夜の八時から一〇時までは「Study Hall（スタディホール）」といって、勉強する時間と決められています。その時間帯は、自分の部屋にいないといけません。先生が見回りに来て、ちゃんと勉強しているかどうかを監視します。

この時間内に宿題をしなければいけないし、終わらなければ、宿題は延々と積み重なるから大変なことになっていきます。シャワーなどは「スタディホール」の前後に浴びるのですが、一一時には消灯で絶対に電気を消していないといけないので、毎日のスケジュールに余裕はありません。

友だちと遊べるのなんて、本当に週末くらいのものでした。

ようするに生徒を二四時間預かって、三六〇度あらゆる角度から教育するのがボーディングスクールなのです。

提供する教育の水準が高いだけでなく、ありとあらゆる面で教育を行ない、徹底的に生徒のレベルを上げようとしているのです。

Chapter 3

認められるのは議論に勝ってから

……知識でなく言葉で勝つ「議論力」を身につける

表現力や議論する力は、学べば身につくもの

高校にあたるボーディングスクールから、社会人も通うハーバード・ビジネススクールまで、アメリカの学校でディスカッションが重んじられているのは述べてきた通りです。

実際、アメリカの学校を卒業して帰国したばかりの若い人から、日本でビジネスで成功している人まで、留学体験のある多くの人が「アメリカでは議論の力を鍛えられる」と語っています。アメリカの学生はディベートを経験しているので表現力に優れている、日本人はそうした勉強をしていないから交渉でしてやられるのではないか……と。

確かにそうした一面はあるのですが、高校に入ってディスカッション主体の授業になると、じつはアメリカ人でさえ最初はとまどいます。それは、エリートを養成する名門のボーディングスクールでも同じ。決してこの国に生

まれたから、議論する力や、意見をぶつけ合う力に生まれつき優れていると
いうわけではないのです。

そのためボーディングスクールでは、まずディスカッションの基礎を学べるような授業やセッションが用意されています。

それは「Participation（パーティシペーション）」というものですが、「こういうふうに言えば発言できるようになるよ」ということを先生がアドバイスしてくれるのです。また、表現力やスピーチ力に関しては、「Public Speaking（パブリック・スピーキング）」という授業が設けられています。

こういった授業は、日本では馴染みのないものではないでしょうか。

アメリカ人に表現力があるとか、議論する力があるということを、なんとなく日本人は〝文化の差〟に求めているようなところがあります。

しかしこちらに来て気づくのは、学校できちんと、初歩からの訓練を受けるのだなということです。

日本の授業だと、「表現する」とか「発言する」ということ自体を、あまり問われないように思います。

たとえば私が通っていた日本の高校では、英語の「スピーキング」の授業がありました。しかし「話すこと」を学ぶ授業であるはずなのに、先生が教科書を読むのを聞いているだけで、誰も何もしゃべらないのです。

それが、お茶の水女子大学附属高校という、一応は日本でも名前の知られた名門校の授業でのことですから、いかに「表現すること」や「発言すること」が教育で重んじられていないかを象徴しているような気がします。

私はアメリカに来るまで、ほとんど英語が話せない人間でした。まだ一六歳とはいえ、英語を脳にインプットしてネイティブランゲージ（母語）にするには、すでに「日本語の脳」ができてしまっている。大人が英語を学ぶのとあまり変わりません。

ただ、たどたどしい英語ではあっても、アメリカに来てしまえば、イヤでもその英語で「表現すること」や「発言すること」を求められるのです。必然的に英語力が身についていきます。

それは英語にかかわらず、表現力や発言力、あるいは交渉力なども同じでしょう。日本人はこれらが苦手のように思われるのは、その力を駆使するような場をつくっていないからだと思います。

やらないのですから、できないのは当たり前。もっとその機会をつくれば、誰だって力はついていくのではないでしょうか。

英語は下手でいい、「正しく」からはみ出そう

日本人がなかなか自己主張をしないのは、「伝わらなかったら恥ずかしい」とか、「相手からどう思われるだろうか」ということを気にしすぎるからだと思います。

ましてや自分の国の言語でもない、使い慣れない英語だったら、なおさら口を閉じてしまう。その気持ちは確かにわかるのです。

私にも経験があります。一三歳か一四歳のころですが、家族旅行でハワイに行ったときのことです。

「そこにあるもの、取ってください」

これだけのことを英語で言うのに、私は一〇分くらい悩んだあげく、やっとちっちゃな声を出しました。それで当然ながら伝わらないので、もう逃げるようにその場を離れたという思い出があります。

ただ、実際にアメリカでの生活で、そんな調子だと大変です。

ボーディングスクール二校目のウィリストンで、寮のルームメイトになった子が大きな音楽をかけ、うるさくて勉強にも困ったことがありました。それでも私は、気まずくなったらイヤだなあと我慢していたのです。

日増しに音は大きくなり、かける時間も長くなり、だんだん相手も同室の私に遠慮がなくなってくる……。

そこで、我慢ができなくなって寮長に相談したのです。そうしたら、逆に私のほうが怒られました。

「初日に文句を言わないで、二週間も待ったならもう承諾したのと同じだ」

つまり、思っていることを言わないのが悪い、というのがアメリカの考え方なのです。

だから海外に出たら、「英語が上手くなる」ことなど二の次で、「上手かろうが下手だろうが、意思を伝えること」がまず優先になります。

それはどんな交渉や表現も同じで、「上手くなったら表現する」では何も始まりません。下手でも表現しながら、徐々にコツを覚えていくしかないのです。

この点でボーディングスクールのいいところは、アメリカ人ばかりでなく、同じように英語を母国語としない多くの留学生がいることです。

留学してすぐのころは、アメリカ人と話すよりも、同じ留学生同士でたどたどしく会話をしていくことから、言葉に慣れていく人が多いのではないかと思います。

私もそうでした。現在でも仲がいい、中国の地方からの留学生の女の子がいるのですが、最初にルームメイトだったこともあり、学校でいちばん会話する相手になりました。

中国からの留学生には、文法が間違っていようが、発音が異なっていようが平気で言葉をしゃべるところがあります（そうしたことを気にせず、臆せずにしゃべるのは、日本と文化が違うのかもしれません）。

ものすごく初歩的なミスで、「she doesn't」が「she don't」になっていたりするのですが、気にしません。そんな文法で、堂々と意見をぶつけていくのです。

こういう会話を隣で聞いているると、自分のほうも「正しく言葉に出して言うことだけがしゃべりではない」ということを肌で感じていきます。ほかの留学生の〝むちゃくちゃな英語〟をクッションにすることで、私はアメリカ人の会話にも次第に慣れていきました。

考えてみれば、そんな語学の取得法だったら、日本にいてもできるのではないでしょうか。

自分が日本の中学、高校にいたときを振り返ると、英語の授業のほとんどは、英語を正しく日本語にしたり、日本語を文法通りの英語にしたりという、むしろ〝翻訳〟の勉強でした。

もちろんそれも大事なのでしょうが、「正しく〇〇すること」からある程度はみ出さなければ、会話のほうはなかなか上達しません。日本人が英語を下手だと思い込んでしまうのは、そうした教え方の問題も大きいのではないでしょうか。

「議論すること」を重視する実践的な高校の授業

アメリカでは高校時代から、自分の意見を発表し、他者がそれに対して意見を述べることで議論をするのが一般的になっています。前章でも説明したように、歴史でも国語でも、ボーディングスクールで重視されたのは、ディスカッションでした。

国語の時間であれば、ヘミングウェイなどを読んで、「なんでここはこういうふうに言ったんだろう」とか、「彼らはこういう心情だったんじゃないか」「いや、私はこう思う」などと話し合います。

そこに正解のようなものはありません。いかに自分の論をみんなに納得させられるかが、焦点になる。見方を変えれば、つねにプレゼンテーションや交渉のスキルが問われ、他者に対していかに自分の意見をうまく説明するかが授業の根幹を支えているわけです。

つまり、国語とか歴史とか、一見、実社会に関係のない勉強をしているようで、そこでは社会に出たあとで必要となる表現力や説明力、コミュニケーション能力などが鍛えられている。

じつは、アメリカの高校の授業は「かなり実戦的な授業」だと言えるのです。

日本の国語でも、「登場人物はどういう心情だったか？」といった問いがテストなどで出題されます。

でも、一方的に教師の解釈で「〇」か「×」かを決めるだけ。先生と議論して、「本当にそうなのか」と考えるような場はありません。

本当は一〇〇人いれば、一〇〇通りの解釈があっていいはずなのです。その違いを認め、自分の解釈を固めることが重要なのであって、「先生がこう言うのだから、それが正しい」では思考力など磨けないでしょう。

さらに言うと、ボーディングスクールには、海外からの留学生が多数在籍しています。それぞれ文化背景が違うなかで育っていますから、解釈の違いも大きなものになってきます。

これが「国語」であればまだ穏やかですが、「歴史」となると、場合によっては大激論になります。とくに戦争がテーマとなり、日本人とアメリカ人だけでなく、中国人や韓国人が入った場合、立場の違いから議論が激しくなることもありました。

これは高校ではなく大学院での話ですが、私の記憶で最も議論が激しかったのは、ハーバードで「Doing Business in China」という、中国ビジネスの講義を受講したときでした。そのときは、中国人と台湾人の意見の違いで、大きな議論が沸き上がりました。

それでも、激しいののしり合いのようなことは絶対にしません。感情論に終始せず、議論以外はしないのが普通です。

もちろん「マナーがいい」ということもあるでしょうが、やはり感情論のぶつけ合いでは成績にも響くし、建設的ではありません。だから「わきまえている」という学生がほとんどでした。

この建設的批判は「Constructive Criticism」と言われ、フレームワークとしてアメリカの高等教育のさまざまな現場で実践されています。

私のいたオキシデンタル・カレッジでは、「油絵」の授業でも、みんなの描いた絵をながめながらクラスメイトが建設的な批判をすることが授業の一環となっていました。

議論はまず、相手をリスペクトすることから

建設的に批判し合うような環境にいち早く慣れるためにも、アメリカでは高校生になると「The Socratic Method（ソクラティック・メソッド）」という特別なディスカッションの授業を受けます。

哲学者ソクラテスの名からとられたこのメソッドでは、一〇～一五人くらいの人数で、おもに新聞で取り上げられたトピックについて生徒同士でディスカッションをします。ディベートほど本格的なものではありませんが、日本では同様のものとして紹介されることも多いようです。

ソクラティック・メソッドでは、ディベートのように自分の本来の意見と

無関係にA派、B派と無理に分けるようなことはしません。とはいえ、ここで学ぶのはやはり「どんな意見をもつべきか」ということではないのです。

何を主張してもいいのですが、ディベートと同様、自分の意見をロジカルに説明する必要があります。

議論というと、相手を批判したり、自分の意見で打ち負かしたりすることが強調されがちですが、それだけにならないように、授業で重きを置かれるのは発言者をリスペクトすることでした。

この「リスペクトする＝相手と自分との違いを認め、尊重する」ということは、アメリカの教育では特別に重視されることです。

なぜならアメリカは、非常に多様性をもった社会だからです。多様性をリスペクトできないような発言をする人は、絶対にコミュニティのなかに入れません。

これがボーディングスクールならば、まだ小さなコミュニティかもしれません。けれどもハーバードのような大きなコミュニティになると、それこそたとえばゲイ（同性愛者）をバカにするような発言をするだけで大きな問題になってしまいます。

アメリカは大きな国にもかかわらず、小さなことでも全方位に気を遣わなければならない難しい社会なのです。

多様性の尊重ということで言うと、学校の側も評判にかかわるため、生徒の思想の偏りを入念にチェックしています。

実際、私がウィリストンに通っていたときに、生徒の人種差別発言が問題になったことがありました。ネットの書き込みにそういう発言があったということですが、匿名で書かれていたにもかかわらず、学校側はどのコンピュータでアクセスしたのか、どのＩＰアドレスから発信したのかを調べ上げ、突き止められた生徒は退学処分になってしまいました。

このウィリストンという学校は、校則は比較的ゆるやかだし、非常に自由で過ごしやすい学校です。にもかかわらず、やはり「違いをリスペクトできない」生徒に対しては容赦なく厳しいのです。

ハーバード流の「涙が流れる議論」の意味

「個人」を尊重するのがアメリカの教育です。

背景に複雑なものがあるにせよ、あるいは民族や宗教の差異があるにせよ、それを認めたうえで「自己主張」が成り立ちます。

議論ばかりが強調されるアメリカの教育ですが、この「個人」を尊重する精神を理解しないと、議論して学ぼうとすることの核心がつかめません。

そのことがより濃密になるのが、私にとっては、ハーバード・ビジネススクールの授業でした。ビジネスを論じるのに、個人の価値観をリスペクトすることが関係あるのかと思われそうですが、じつは議論していく過程でいろいろな問題が深く掘り出されて表に出てきます。

ハーバード・ビジネススクールともなると、大学院ですし、世界的に有名な名門校ですから、ボーディングスクールやリベラルアーツ・カレッジ以上に国際的になってきます。中国や韓国のみならず、インドはもちろんアラブ諸国からも留学生が多数学びに来ています。

当然そこでは、9・11以後のアメリカ対イスラムの対立が招いた、ビジネス上の問題も生々しく議論のなかに現れてきます。

私が体験したなかでも、ムスリム（イスラム教徒）の学生がクラスにいたときに、「宗教上の理由から仕事場でどんな差別を受けたことがあるか」という話が遡上にのせられたことがあります。そのときは自身にも辛い経験だったらしく、その学生は涙を流しながら話していました。

また、別のある女性は、「自分の妹がレズビアンで、そのために自分はすごい苦労をした」という話をしました。ビジネスと関係ないように思えますが、じつは「恋愛対象が男女どちらか」という性的指向は、「それをカミングアウトすべきか」という問題と併せて、社内でチームを組むときに微妙にかかわってくる複雑な問題になりえます。

さらに、二〇〇一年に巨額の破綻劇を引き起こしたエンロンのケースを扱った授業で、たまたま父親が同社で働いていたという学生が発言したことがあります。

当時、ハーバード・ビジネススクール卒業生の就職希望先ナンバーワンだったエンロンという会社の、何があのような不正会計を行なうマネジメントを生んだのか。なぜそれを見つけられなかったのか、もしくは見つけていたのに隠し通していたのか。こうした議論をしていたときに、この学生は言いました。

「事件が起こってから、エンロンの社員はモラルがなかったなどと言うのは簡単だ。私だったらああいうことは何があっても絶対にしない、というのは机上論としては成り立つけれど、エンロンで働いていた人々の心理を本当に理解しているなら、そんな単純なことは言えないはずだ」

そして彼は、こう言うと、そのあと言葉につまってしまったのです。

「父はエンロンでずっと働いていた。それが僕の誇りだった……」

その学生は「あの会社で働いているんだ、すごいね」と周囲から賞賛されていた父親が、いきなり社会の敵のように蔑まれるような状況を経験したのですが、その辛さに感極まって途中から話ができないくらいになってしまったのです。

私は、非常に衝撃的な告白に胸が詰まりました。

ここで大切なことは、いずれもビジネス上のソリューション（解決策）を探るディスカッションの授業中での話だったということ。

これが酒場での話ならば、「可哀想だね」とか、「その気持ちわかるよ」でいいのかもしれません。しかしハーバード・ビジネススクールのディスカッションで議題に上がる以上、最善の解決策を意見としてぶつけ合わなければなりません。

だから、たとえば苦労したムスリムの学生に対しても、

「その点は差別というより、一社員として対処すべきだったのでは？」

という意見をぶつけなくてはいけない。

同性愛で苦労している人にも、

「そういう点はマナーとしてルールを守るべきだ」

という議論をしなければならない。

そして父親がエンロンで働いていた学生の前で、エンロンの失敗した理由を考えなければならないのです。

それは個人批判ではないし、価値観を否定するわけでもありません。ポリティカリー・インコレクト（政治的／道徳的に不適切）な発言までは踏まないけれども、かといって触れたくないところを避けることはしない。

あくまでストレートに問題をとり上げ、ビジネスとしての最も正しい解決策を探していくのです。誰かが「反対の立場の意見」を表明できなければ、議論は正しく前に進みません。

だからこそ、前提として「リスペクトすること」がとても重要になる。涙を流すほど強く訴える人に反対の立場からものを言っても、それを真っ向から受けとめてもらえるような姿勢なり、態度なりがやはり重要になってくるのです。

ハーバード・ビジネススクールがすごいのは、こうした、日本ならタブー視されるようなことにも踏み込み、誰かを傷つけることなく「大人の議論」をしてしまうことです。

アメリカ人にそれができているとすれば、それはやはり、高校からの地道な「相手をリスペクトする習慣」の積み重ねがあるからなのでしょう。

これがハーバードのディスカッション技術

ハーバード・ビジネススクールでも、じつは一年目に「議論のイロハ」を教えてくれる機会があります。

むろんアメリカ人ならば高校、大学とディスカッション主体の授業は経験してきているでしょう。でもハーバード・ビジネススクールには世界各国から学生が集まりますし、さらに「どんなふうに意見を言うか」がここではかなり成績に反映されるのです。

ボーディングスクールやリベラルアーツ・カレッジでは、ディスカッションやディベートをしても、基本的に成績評価はテストとペーパーが主体でした。しかしハーバード・ビジネススクールでは、テストとディスカッションの出来による配点が、ほぼ五〇パーセント配分です。

ハーバードでは、毎回の発言で点数をつけられ、マイナス評価もありえま

ハーバードの教室にて。1年目は90人のクラスメイトと同じ授業を受ける

す。とくに誹謗中傷の意見を述べたり、ただ単に目立とうとした発言をしたりした場合、厳しくマイナス評価をつけられます。その点で、思いつきを軽く口にできないのがこのディスカッションの特徴です。

　では、どんなふうに議論をすれば高得点がもらえるのか？

　ハーバードでまず教えられるのは、賛成ならば、同意するだけでなく、そこに何かを加えて補強するということです。つまり相手の意見に同意するにしろ、それだけでは発言する意味はないわけです。

　逆に反対意見を述べる場合は、「なぜならば」という形で、必ず根拠を示すこと。そうでないと単なる批判になってしまいます。

さらに、どちらの意見にしろ、コンパクトに短く自分の意見を述べることが重要です。九〇分間の授業中に三〇人くらいに意見を求めますから、あまり長くしゃべるとほかの人に迷惑がかかります。

ダラダラと同じことを述べたりすると、マイナスの評価になることももちろんあるでしょう。

以上は基本ですが、やはり最高点をディスカッションでとろうと思ったら、それなりのテクニックが必要になります。

いちばん評価が高いのは、その人の発言によってみんなが「なるほど！そうか！」と目を開かされ、パラダイムシフトが起こるくらいの意見を述べることです。授業に参加すると、たまにそういう発言を聞くことがありますが、「あれは最高点だな」と聞いている側でもわかるものです。

ただし、そうしたパラダイムシフトを起こすような意見は、なかなかねらって言えるようなものではありません。

そこで大切なのは、教授がどのような方向性で議論を進めたいかを読むことです。

たとえば「そろそろ次のトピックに移るころだな」というタイミングで、次の話題につながるような意見をさりげなく述べる。そうすると教授は授業を進めやすくなるから、発言者に対する評価も高くなります。

あるいは、全体の話が少しずれかけているときに、教授が投げかけているテーマに即した意見を述べる。そうすると議論の方向性を修正できるので、評価も当然、高くなるでしょう。

それでも、発言はほかの学生から見て、「ああ、それ、いい意見だね」と思われるようなことを言うのが前提であり、「先生がいまこれ言ってほしいだろうな」ということばかり考えてもうまくいきません。

基本的にディスカッションの評価は公表されないのですが、教授にアポをとって、「改善を図りたいので、過去のディスカッションの出来を教えてください」とお願いすれば、相談に乗ってもらえます。

私も多くの授業でそうしたことをしましたが、優しい教授だと、事前に過去の私の発言すべてをプリントアウトして、点数を書き、なぜその点だったのかを解説してくれたりします。この点はさすが、先生のほうも授業での発言を全部チェックし、独自の採点基準をつくっているわけです。

これらはべつにハーバードだけのやり方ではありません。

表現力や議論する力といったものは、周りの人に相談しながら、マイナスやプラスを分析して自分なりに研究していくことが、力を伸ばす秘訣なのです。会社でも、身近なところでも、それは十分にできることではないでしょうか。

「予習」をすれば、発言力は鍛えられる

ここまでテクニックを紹介しましたが、ディスカッションでいい意見を言うには、それだけではどうしようもありません。事前に一つのケースについて、どれだけ深く考えてくるかがカギになります。

議論そのものの激しさよりも、ハーバード・ビジネススクールの厳しいと

ころは、まさに議論のための「予習」なのです。

たとえば、一つのケーススタディをテーマにディスカッションをする場合、プリントアウトされたケースは、本文だけで二〇ページくらい。そのあとに「Exhibit（エクジビット）」といって、グラフやデータを載せたものが一〇ページくらいあり、全部で三〇～四〇ページもの分量になります。

なお、ビジネススクールで言う「ケーススタディ」とは、研究者（教授）がインタビューと研究をくり返して、実際に起こった事例を深く掘り下げ、まとめあげたもの。ここでも研究者個人の考えは一切書かれておらず、客観的事実のみでケースは成り立っています。

ビジネススクールでは、学期の始めに学校からすべてのケースをハードコピー（プリントアウト）でもらうのですが、これを自分の部屋まで運ぶのが大変でした。卒業時には段ボール四箱くらいの量になりました。

ケース一つをきちんと読み込もうとすれば、それこそ二時間くらいかかってしまいます。なんとか概略だけつかむようにするにしても、次の日に三つのクラスがあったりすれば、読むべきケースは三つ。その準備だけで合計六時間くらいはかかってしまうわけです。

むろんハーバード・ビジネススクールは、授業にだけ出ていればいいというわけではなく、合間にはパーティーとか就職活動とか、さまざまなソーシャルイベントがあります。それに企業派遣ではない通常の学生であれば、早くも一年目から就職活動が始まります。

さらに加えると、ディスカッションには、その場でどれだけ機転をきかせられるかという、頭の回転を鋭くして柔軟に対処していくテクニックも必要です。これは寝不足状態ではなかなかできないことから、学校側も「十分な睡眠をとるようにしてください」と提唱しているくらいなのです。私も最低七時間は眠るようにしていました。

そうすると当然ながら、時間が足りません。

遊びに行くときでも、就職活動に行くときでも、私はつねにケースを持ち歩く毎日でしたが、ハーバード・ビジネススクールではこれが当たり前です。タクシーを待っている五分間も無駄にはできないのです。

いかに時間を捻出し、ケースを読んで、考える時間をつくるか。

すでにディスカッションの戦いは、普段のタイムマネジメントの段階から始まっているわけです。入学後にどれだけ早く、自分なりのスケジュール管理や、授業を軸に据えた時間攻略法を編み出せるかが、ハーバードで好成績を収めるためのコツになります。

私はとにかく、トライ・アンド・エラーでした。授業でうまく発言ができなくて、家へ帰るまでの間、自分に超ムカついたりする日々を過ごしながら、なんとか自分なりのやり方をつかんでいったのです。

発言の機会を得るためのテクニックとは

ケースを予習して理解を深め、発言内容の質を高めるのと同じくらい重要なのが、挙手をしたときにきちんと先生に当ててもらうことです。

一回の授業が九〇分で、ハーバード・ビジネススクール一年目の場合、一クラスに学生は九〇人います。指導教官にもよりますが、一回の授業で約三

○人の学生が発言するとされています。
私は自分のなかでのベンチマークとして、成績を下げないためにも授業二回に一回は必ず発言をする、と決めていました。

たとえば、五回連続で発言していないとすると、すでに成績自体もかなり悪くなっているので、精神的にもまるでかさぶたがどんどん厚くなっているかのようで、発言しにくくなってしまうのです。そのためにも、二回に一回は絶対守らなければならない目標でした。

しかし、これがなかなか大変です。

どうやったら先生に当ててもらえるか？　どんなにイスからお尻を浮かして「自由の女神像」みたいに手を挙げてアピールしても、ペンを持って手を挙げたとしても、当ててもらえないこともあるのです。

先生が次のトピックに移ろうとしているな、というときは当ててもらいづらいですし、学期の中盤以降になると先生のほうでも学生に対してのインプレッションができあがっていて（人間なので仕方がないですね）、「ここでこの学生を指しても大したことを言いそうにないな」と思われてしまった場合、大切な場面では当ててもらえなくなるのです。

ですから、教室の内外で、教授たちといかに信頼関係を築くかが大切になります。

教授の部屋に質問をしに行く。キャリアの相談に行く。教授の専門分野に自分は興味があるのだと示す。授業の前日に、「過去二回、授業で発言していません。次の授業は私が過去に体験したことのあるチームワークの難しさについての話で、ぜひ発言したいのでよろしくお願いします」というようなメールを書く。

そういうやりとりのなかで教授に名前を覚えてもらい、自分が意欲的であることをアピールし、信頼関係を築いていくのです。

こうした大変さを聞けば、日本の大学しか知らない人はこんなふうに思われるかもしれません。忙しくて十分な予習ができなかった日は、授業中に発言しなければいい。仮にケースを読んでいなくても、教授やクラスメイトたちの話を聞いているだけで勉強ができる――。

ところがハーバード・ビジネススクールでは、これができません。なぜなら、発言しない状態が続くと自分の成績に響くだけでなく、授業の最初に必ず「Cold Call（コールドコール）」が用意されているからです。

「コールドコール」とは、すなわち〝突然の名指し〟です。

それは教授が教室に入ってきて、最初の三〇秒ぐらいで、すぐに行なわれます。

「今日のケースはこういうケースだから、じゃあトモ、どう思う？」

と急に名指しで意見を求められるわけです。

このコールドコールは、「ちょっとケースについて話してみてくれる？」とか、「どういう感想をもった？」といった具合に大ざっぱな質問ですから、あらかじめケースを読んで「指名されたら何を答えよう」と解答を用意しておかなければ、なかなかいい回答はできません。

むろん曖昧に答えることもできないわけではないのですが、回答の中身は当然、成績に反映されるわけです。

学生たちがみんな時間を捻出してケースを読み込んでくるのは、このコールドコールが怖いからでもあります。逆に教授の側としては、一人でも予習を怠る学生がいて、そのことによってディスカッションの質が下がらないようにしているのでしょう。

もちろん、きちんと予習してきた者にとっては、コールドコールは一つのチャンスです。

というのも、コールドコール以外は、場面場面で手を挙げて、教授に指名されるのを待つしか発言の機会がありません。そして発言の機会が得られないと、評価はどんどん下がってしまいます。

さすがにハーバード・ビジネススクールに入ってくる優秀な人たちです。みんな競争心は旺盛だし、自分がすごい発言をしてやろうと、グッドタイミングでのアピールをねらっている学生ばかり。そんななかで「は〜い」なんて、元気なさげに手を挙げたって、指名はしてもらえません。

だから、いつ手を挙げるかのタイミング、先生の目を見るアイコンタクトなど、学生たちはかなり研究して指名をねらいます。私も慣れるまでは周りを見ながら「どうしてあの人はよく指名されるのだろう」と観察したり、先輩に相談してアドバイスを受けたり、試行錯誤を続けたものです。

このように、一言で「議論の勉強」といっても、そこに必要な要素はあらゆるテクニックの集大成になっています。

長い歴史のなかでトップクラスのエリートを養成し続けてきた学校ですから、小さなことの一つひとつが将来のエキスパートに欠かせない能力を育て上げる要素になっているのでしょう。

あまり知られていない「協力型の授業」

ここまではずっと、アメリカでの「ディスカッション」の授業を紹介してきました。

自分独自の意見を構築して、ほかの学生と議論することで、思考力や表現力を鍛えていく。これは本書にかかわらず、アメリカでの勉強、教育を伝える多くの本で語られてきたことでしょう。

その一方、あまり紹介されていませんが、アメリカの学校には「誰かと協力して一つのことを成し遂げる勉強」も意外と多いのです。

石角友愛

『私が「白熱教室」で学んだこと』

出版記念講演及びサイン会のお知らせ

【日時】2012年4月16日(月)

16:30～17:30

【場所】日本倶楽部

千代田区丸の内3-1-1

国際ビル(帝国劇場の入っているビル)8階

TEL：03-3211-2511

日比谷駅(都営三田線/日比谷線/千代田線)から徒歩1分

有楽町駅(有楽町線/JR)から5分。

【申込方法】裏面をご覧下さい。

【会費】2,000円(税込み)

当日、受付にてお支払い下さい。

(但し、参加にあたっては事前のお申し込みが必要です。)

セミナー当日は整理券をご持参ください。

参加申込方法

　ご参加ご希望の方は、下記の項目にご記入のうえ、FAXまたはメールにてお申し込みください。お申込みいただき次第、「整理券」を発行し、申込受付とさせていただきます。

【FAX】03-5252-5006
【メール】info@marunouchisquare.com（担当：太田）

お名前

ご住所
〒

ご連絡先（電話番号）
　　　―　　　―

Eメールアドレス

ご勤務先

（部署・役職）

こちらは日本の教育であまり重視されていませんし、そのためか、アメリカの「協力型の授業」がとり上げられることが少ないようです。けれども、「議論の勉強」と同じくらいに学ぶところの多い勉強のやり方だと思うので、この章の補足として説明しておきます。

この「協力型の授業」は、ボーディングスクールなど高校レベルから行なわれます。「パートナー」といって、誰かと共同で調べものをしたり、ペーパーを書いたりするという形式です。

より本格的な協力型の授業・研究がとり入れられているのは、リベラルアーツ・カレッジです。とくに私がオキシデンタル・カレッジで心理学を専攻し、また「Biotechnology（バイオテクノロジー）」の授業などをとっていたこともあって、調査を行なったり、フィールドワークの必要が出てくると共同研究者を立てることが多くありました。

その際は、まずパートナー探しから始めなければなりません。これが日本ならば「じゃあ仲のいい友人と」という具合になりそうですが、個々がバラバラのアメリカではなかなかそうはいきません。

極めてビジネスライクに、自分のやりたいことと合致する人を見つけることが、勉強の第一段階になってくるわけです。

オキシデンタルでとっていたバイオテクノロジーの授業で、私はクローン技術の勉強をしていました。その課題では複数の学生からDNAを採集するようなことを計画したのですが、その際は適した人物の当てもなかったので、メーリングリストで「パートナーを探してまーす！」と呼びかけのメールを送りました。

そうすると、純粋に「そのテーマ面白そう！」と同調してくれる人が連絡をくれるわけです。それまで話したこともなかった人でしたが、「夜八時から図書館で打ち合わせしましょう」と役割分担を決めてプロジェクトをつくっていきました。

そのほかにも、「Abnormal Psychology（異常心理学）」の授業で、「フォビア」と呼ばれる恐怖症のデータベースをつくったり、あるいは「Cognitive Psychology（認知心理学）」の授業で、「左右対称の顔を人は美しいと認識する」という仮説を立てて、顔をそのように見せるファイルをつくってアトランダムに選んだ大学生にそれを見せ、統計をとったり……。いずれも自分一人ではできない研究でした。

リベラルアーツ・カレッジのころは、さまざまな研究をほとんど「プロジェクト」の形で、誰かと一緒に進めていたのです。

その都度その都度、パートナーは異なるのですが、学生たちはみんな、そんな調子で結果的にたくさんのプロジェクトにかかわっています。だからこそ、日本のように一つのテーマに固執することなく、共同でたくさんのことを学んでいけるわけです。

なぜアメリカの学校はチーム研究を重んじるのか

ハーバード・ビジネススクールにも、共同で行なう授業があります。

それは「Learning Team（ラーニングチーム）」といって、学校側が勝手にチームメイトを五人選び、事前にその五人で予習をして、共同の意見を発表することを義務づけるというものです。

「どんな意見を述べるか」だけでなく、「チーム内で協力関係をつくり、意見の調整をすること」までを学習の一つとして考えているのでしょう。

そのためか、その選ばれた五人はまるで図ったかのように国籍が違ったり、前職がある人ならばその職業がまちまちだったりと、バランスのとれた編成になっていました。

たとえば、金融のケース（事例）だったら「金融業界出身者が一人いる」とか、トヨタのケースだったら「日本人の私がいる」といった形で、五人のなかでそれぞれの得意分野を考えながら、私たちは共同でミーティングをしていきました。

じつはいまでも、当時のラーニングチームのメンバーとは連絡をとっています。授業前日に「これ、できたよ」とケースの要点をまとめたメールをし合ったり、共同で臨むことでつちかわれた固い信頼関係があるからです。

ほかにも、教授によっては、クラスメイトと共同で論文を書かせる授業まであります。それもパートごとに分担者の採点をする教授もいれば、完全に

苦楽を共にしたラーニングチームの仲間たちとディナーへ

連帯責任でトータルな点数を共同執筆者全員につける教授もいます。

組んだ相手の出来・不出来によって自分の成績が左右されるというのは、日本の学力評価ではありえないのではないでしょうか？

一般的に、アメリカは個人主義の国。競争社会で、誰と誰のどちらが優れているかで勝者と敗者が決まる社会のように思われています。

その一方で、日本人は「和」を大切にする協調性の社会。パートナーシップを構築する能力は日本人のほうが卓越しているように感じがちです。

ところがアメリカでは、このように高校

から大学院まで、ことさら「共同で一つのことを成し遂げること」を勧めているし、それを評価基準にまでしているのです。いくら学力ばかりが高くても、誰かと一緒にやる研究事業で成果を上げなければアメリカの学校で好成績は望めません。

もちろん「共同で一つのことを成し遂げる」という経験は、社会に出たときにチームマネジメント能力として重要になります。

日本以上にアメリカは、会社組織に多様性のある社会です。つまり民族や宗教、また出自の違う人たちと、これから共に働き、一緒に一つの成果を出していくことが求められます。

だからこそ一貫して、パートナーシップを構築する能力は学校で学ぶべきとされているのだと思います。

このグローバル経済のなかでアメリカの企業が強いのは、勉強のなかでこうした「協調性」を強く求めているからではないでしょうか。

一方で日本の会社は、いまだ外国人が職場にいること自体がレアケースです。もともと協調性をつくりやすい組織だと言えるでしょう。

しかし学校生活を振り返ってみれば、受験競争のなかで一貫して他人より優位に立つことばかりが評価基準にされ、サークル活動などを除けば、勉強の一つとして「誰かと協力して一つのことを成し遂げる経験」はほとんど重視されないわけです。

ディスカッションやディベートの能力も重要ですが、もしかしたらこちらのほうが、現在の日本に欠けている勉強なのかもしれません。

Chapter 4

マネジメント能力を10代から問う教育

……勉強と大学受験を通して「自分を管理する術」を学ぶ

アメリカの学習環境における「個人主義」の難しさ

アメリカ流の勉強を考えるにあたっては、ディスカッションやグループワークをはじめとした勉強そのものだけでなく、環境や生活習慣にも触れる必要があるでしょう。

前章の最後に触れたように、学習面においてはグループワークなどで協調性を学ぶこともありますが、生活面ではまったくの個人主義が基盤となっています。たとえばボーディングスクールには、日本で言うところの「クラス」や「ホームルーム」のようなものがありません。つまり「担任の先生」という存在がいないわけです。

もともと生徒の数自体が多くはないのですが、一週間に一回、木曜日に全校生徒を教会に集めて行なう「チャペル」という行事があります。そこで事務連絡などを行なうのですが、それ以外は各自が自分で決めたスケジュールと学校の規律に従って行動します。

つまり共同社会のなかで、個人が自立している。完全に生徒の自己管理に任せた勉強が求められているのです。

ボーディングスクールは、授業のほとんどが選択制ですし、課外活動なども同様です。また、前章で述べた通り自分のレベルに合わせて、特別に上の学年の授業をとることもできます。

逆に言えば、高校一年の段階ですでに、「将来のために何を勉強したらいいか」ということまで、考えていなければならないのです。

とても自由なのですが、長期的な視野や、将来へのビジョンが必要になる。非常に厳しいシステムだということも言えると思います。

むろん全寮制の学校で、たいていは田舎にあり、しかも門限や消灯時間が決まっているのです。前章で述べたスタディホール（勉強時間）もありますから、自由な行動ができるわけではありません。

ただ、朝、自分の部屋を出たら、各自、自分のとる授業の教室に散らばって、それぞれが自分で決めたスケジュールに従って行動をします。

勝手なぶん、自分で決めなければ、何も動かない。もちろん経済的には授業料を払ってもらっている立場ですが、自立して行動しなければ誰も面倒をみてくれません。

たとえば日本のテストで出される一問一答式のテストと、アメリカの学校で出される論述テストやレポートのような「ペーパー」を比べてみてほしいのです。

生徒に問われることの、一番の違いは何でしょうか？

別にどちらがより難しいかとか、どちらのほうが勉強に「いい」かという問題ではありません。

実際、日本のテストだって難しいのです。正確な知識を頭に入れなければいけないし、問われる課題を頭のなかできちんと理解することが必要です。

ただ、日本で問われているのは「正しく知識を得たか」「正しく理解したか」であり、「何を理解すべきか」「どう解釈すべきか」は先生のほうで決める問題です。

けれどもアメリカの場合、「何を知識として覚えるか」「どのように理解すべきか」までを生徒のほうで選択しなければいけないのです。

ペーパーの書き方一つにしても、方法論は自分で組み立てなければならない。自由な反面、自分で判断すべき課題が多く、ある種のマネジメント能力を身につけていかないと先へ進むことができないのが、ボーディングスクールなのです。

ボーディングスクールがとにかく厳しい理由

なぜボーディングスクールでは、そんなサバイバルのような勉強方針を貫くのでしょうか？

「ボーディング」とはそのまま「寄宿」の意ですが、『［改訂版］アメリカのスーパーエリート教育』（石角完爾著、ジャパン タイムズ刊）では、寄宿学校の設立目的について次のように説明されています。

1. 子どもの教育、特に精神教育、情操教育のためには、子どもが甘えるのが当然の親元から引き離し、規律の厳しい環境に置く必要がある
2. 教育のためには師弟を両親の富裕な環境から遠ざける必要がある
3. 子どもを都会の退廃からできるだけ引き離す必要がある
4. しっかりと勉強させ、スポーツや文化・芸術活動に打ち込ませ、同時に社会奉仕精神をたたき込むためには週七日、一日二四時間の密着教育が必要である
5. 子どもの独立心、自立心、創造性、リーダーシップなどを育むためには、教師も生徒と一緒に寝起きする環境が必要である
6. フェアネスの精神、互譲精神、違う考えをどう受け入れるかなどを学ぶには相部屋の寮生活が一番である
7. よい生徒を集めるためにはデイ・スチューデント、すなわち通学可能な地域内の家庭の子どもだけというわけにはいかない。州内全域、全米各地、そして今日的には全世界から生徒を集めるための方策として全寮制が有効である

都会から離れ、自然に恵まれたボーディングスクールのキャンパス

親元から、そして都会から切り離し、厳しい隔離された環境のなかで自立心を養う……。この発想は、もともとボーディングスクールが、アメリカに移住してきた「WASP」と呼ばれるアングロ・サクソン系の富裕層によって設立されたことに端を発しているようです。

彼らはアメリカにやって来て、まさにフロンティアスピリットによって土地を切り開き、アメリカで新しい財産を築き上げました。その財産を子々孫々に渡って受け継いでいくのが、この地に移住した理由です。

しかし子孫たちがすっかり怠け者になり、財産を浪費するようになっては、一族の富も散逸してしまいます。

そこで一度、子どもたちを自分の元から

切り離し、ゼロの状態からでもやっていけるような強い自立心を育てるため、全寮制の学校を共同でつくり上げていったそうです。その模範は、イギリスの貴族階級が通う「パブリックスクール」でした。

だからやはり、ボーディングスクールは「エリート養成」という意味合いが強くなります。現に卒業生で企業のトップにつく割合は、前述の『［改訂版］アメリカのスーパーエリート教育』によると、通常のプレップスクール（私立の進学校）の生徒より一一パーセントも多いそうです。

むろんここには、裕福な家庭の子だったり、経営者の子息として生まれているといった条件も加味されているのでしょう。ただ、だからこそ〝甘く〟ではなく、裕福さとは切り離して厳しく鍛えられる。

一種の精神鍛錬の場であるからこそ、あらゆることを自分で決めなければならない厳しさをもっているのです。

時間管理ができない人に勉強する資格はない!?

なぜボーディングスクールは、ここまで厳しく生徒を管理するのか。それは、これまでも述べてきたように、あらゆる面を徹底的に教育する「エリート養成校」だからです。

アメリカの学生は、日本よりもラフで、自由なキャンパスライフを送っている。そんなイメージも一方であるかもしれませんが、じつは日本よりも厳格なところがいくつもあるのです。

その一つがなんといっても、時間厳守を徹底するということ。

毎日のスケジュールに関して言えば、朝八時から午後三時まで授業。三時半から五時半までアクティビティ。夜八時から一〇時までが「スタディホール」で、一一時に就寝というスケジュールは紹介しました。

いまはわかりませんが、私がいたころは電話も夜一〇時になったら遮断されてしまい、インターネットも深夜〇時以降は使えません。携帯電話はもともと禁止でしたから、ほとんど外部との接触はできません。

もう黙って寝るしかない……という状況になります。

それでも最初に入学した女子校のアニーライト・スクールに比べると、転校先のウィリストンはまだ自由がききました。なんせアニーライトは「放課後に散歩に行くのにも申請書が必要」という厳しさだったのです（私自身、一度、朝から門限時間まで外に出かけたところ、帰ってきたら先生に呼び出されて恐ろしい尋問を受けたことがありました）。ウィリストンでは自由に外食したり、デートに行くこともできました。

ただし、門限は八時。これを破ると大変なことになります。おそらく二、三回で退学の危機になるのではないでしょうか。

門限もそうですが、名門校でない一般の学校でも、遅刻に関してはかなり厳しい罰を課すところが多いと聞きます。

日本の学校で「遅刻したら廊下に立たされる」というようなことが、いまもあるのかは知りません。

ただ、アメリカの高校では、遅れたらもうその日の授業には参加できない

ウィリストンで私が生活していた学生寮。勉強漬けの毎日だった

ことがほとんどですし、記録としてきちんと残ります。ボーディングスクールでは、確実に遅刻の記録が親に報告されますし、何度もやれば退学の危機になるでしょう。

なぜかといえば、「時間を守れない人間は、自己管理ができないのと同じ」という考えが根底にあるからです。それは社会の上に立つリーダーとして相応《ふさわ》しくない、という評価になるのだと思います。

究極的にボーディングスクールが目指すのは、社会の規範となれるような人間の育成ですから、不適格者には学校にいてほしくないとハッキリ表明しているわけです。

同じ理由で、やはり厳しく罰せられるのは授業中の居眠り。

日本の学校では、必ず授業中に一人や二人、うつらうつらしている生徒がいます。

学校に限りません。電車のなかでも、会議中でも、セミナーでも、とにかく日本人は公共の場でよく眠ります。

これがアメリカでは、かなり許されないことなのです。

ボーディングスクールでも、国語の時間に一人、フッと眠りに落ちた男子生徒を見たことがあります。先生は「出てって（Get Out）」と言って、それっきりでした。

授業の途中で出ていくと、1点の減点評価がつきます。それが3点までたまると退学危機となり、家に手紙が送られます。そして5点になった段階で会議にかけられ、6点になると退学処分です。

この点数評価は一年ごとの更新ですから、授業中にふと睡魔におそわれるのが、年に六回あるだけで、ボーディングスクールを退学になる恐れがあるということです（ちなみに遅刻も、教室に入れないから、やはり1点の減点として加算されます）。

ただ、どうしても眠気がきてどうしようもない場合は、ナースルームへ逃げるという手段も存在します。日本で言うところの「保健室」ですが、ナースからカードをもらっていれば減点1点が免除されます。

体調が悪いということであらかじめ授業を辞退するならば、それは自己管理ができているとみなされるのでしょう。

アメリカの学校にはホームルームがないと言いました。

その代わり、ボーディングスクールではチャペルで「全校集会」があるのですが、そんなものをサボってもバレないかと思えば大間違い。これも、きちんと出席を確認して、出席していなければ減点になります。

恋愛はご法度ではないが、「なぜここにいるか」を忘れないこと

そのほかにも、規律を求めるボーディングスクールでは、社会で禁止されている行為に厳しい態度をとっています。

具体的には、ドラッグは当然ながら、アルコールやタバコももちろん禁止。誹謗中傷や暴力もダメ。寮生活をしている関係上、火を使うものも禁止です。それを知らないで、部屋でキャンドルを燃やした学生が、停学になったことがありました。

共学のウィリストンには、男子寮と女子寮がありました。男の子がいて、女の子がいるのですから、当然、恋愛感情が生まれることもある。カップルが成立することもあります。そのこと自体、学校は禁止してはいません。

だから、男の子が女子寮に遊びに来ることもできるのですが、その際は先生に許可をとる必要がありましたし、「フォーフィートルール（Four Feet Rule）」という規則もありました。これは、「異性の友だちを一人自分の部屋へ呼ぶときは、四本の足がすべて床の上についていなければいけない」つまり、ベッドに寝転がったりしてはいけないということです。

ほかにも「異性の友だちを呼んだときは、必ず部屋のドアを開けっぱなしにすること」という規則もありました。

もちろん、これらはあくまで原則であり、厳格に守られているわけではあ

男女共学だったウィリストンで、数学のクラスメイトたちと

りません。ただ、建前上はそれくらい厳格、ということなのです。

息抜きはいいけれど、なぜここにいるのか、大切なことを忘れないようにと、私たちはいつも言い聞かされました。

男子生徒と付き合うことは許されても、時間厳守のような明確な規律を破ることは許されません。

だから、門限を破って男子寮に入った女子生徒がいたのですが、それは見つかった時点で、即刻停学でした。

毎日、決まった時間に就寝し、決まった時間に起きて勉強を始めるという「学校の原則」を破る行為には、断固として厳しく対処するのです。

アメリカの高校生にはカウンセラーがついている

もちろん、自立を求めるとはいえ、一五〜一八歳のティーンエイジャーたちです。将来の問題に悩むこともあれば、人間関係のトラブルに遭遇することもあります。

そこで「担任の先生」の代わりに、ボーディングスクールでは専門の「アドバイザー」が設けられているのが通常です。

アドバイザー一人につき面倒をみているのが五、六人くらいですから、その関係は日本の担任の先生よりずっと濃密かもしれません。彼ら彼女らもやはり、ボーディングスクールの敷地内で寝泊まりの生活をしています。

私の場合も、若い二〇代前半くらいのアドバイザーが一人ついていました。そして何もなくても二週間に一回くらい、スタディホール（勉強時間）の最中の夜九時ぐらいにコンコンと部屋のドアを叩き、訪ねてきます。

その対応は非常にフレンドリーで、ラフな服装で友だちみたいに「クッキー焼いたよ」なんて具合です。そのついでに「何か辛いことはない？」と、こちらの様子を尋ねたりするわけです。

しかし、気さくだからといって油断してはいけません。

若いし、先生というより先輩のような雰囲気ですから、恋愛の悩みなどを相談したくもなります。確かに話を聞いてくれるし、相談には乗ってくれるのですが、あとですべてその内容が親に報告されていたりします。

どうしてそんなことをするかといえば、ボーディングスクールというのは、何より預かっている生徒の親をいちばん重要視しているからです。親たちは重要な〝出資者〟であり、なかにはかなりの富裕層の子もいれば、学校によってはどこかの王族の子までいたりするのです。

そのなかで生徒個人のプライベートな生活の「管理」まで保証するのは、それも親に対する学校の責任と考えているからこそ。たとえば高校でありがちの恋愛沙汰でさえ、「この学校にいる間にロクでもない男や女に引っかかったら学校の責任になる」ということなのでしょう。

実際、アメリカのボーディングスクールに子どもを入れるような親は、日本のモンスターペアレント以上に教育熱心です。

いやむしろ逆で、「子どもが不当な扱いを受けていないか」というよりは「厳しく鍛えられているか」を気にしているかもしれません。だから成績なども逐一、中間成績を含むすべてが親に報告されます。

日本で言う授業参観、「ペアレンツ・ウィークエンド」という期間もあり、親はしょっちゅう授業を見学に来ますし、先生たちとの面談も一学期に一回ぐらいは用意されているほどです。

留学生の親のなかにはわざわざ飛行機でやって来る人もいて、なかには子どもが心配だからと、寮の近くにマンションを借りるお母さんまでいます。学校側にとって、親の扱いはそれほど大変なのです。

だからアドバイザーは生徒の相談役であるとともに、じつは「監視役」にもなります。この監視の目をすりぬけて悪いことをする子がいないわけではないのですが、それを強行するのはなかなか勇気ある行動になるでしょう。

群れることがないから、陰湿なイジメがない

それだけ厳しいボーディングスクールですが、ケンカやらイジメやらがまったくないかといえば、ウソになります。その点はやはり、一〇代の多感なティーンエイジャーたちが集まっているのです、世界中から集まってはいても、デリケートさは日本と変わりありません。

私が最初に入ったアニーライトという学校は、女子校でした。どうやら女子校に〝特有なこと〟が起こるのは日本と同様らしく、唯一のロシア人だった女の子がイジメられていました。同じ国出身の仲間がいないと、人間関係をつくっていくうえで最初は不利になってしまうことがあるようです。

それだけが理由ではありませんが、相性の問題もあり、私はこの学校を一年で転校してしまいました。

ボーディングスクールは、どこの学校でも日本人の留学生が必ず数人はい

ます。そしてそれ以上に、韓国や香港、台湾からの留学生がいます。

そうすると、同じアジア出身でも、なんとなく国・地域別の学内派閥のようなものができたりするのです。だから人間関係も、まるで外交政策のように気を遣う部分がなくはありません。

ウィリストンを卒業前に私は、「あなたが嫌いだった」という妙な告白を受けたことがあるのですが、相手は他ならぬ日本人でした。ただ、彼女のルームメイトが香港人で、アジアのネットワークをとり仕切る「ボス」的な女の子でした。

それで、素直に謝らなかった私は、まるでアジア全域を敵に回すようなことになったり……。まあ国際的な学校ならではのハプニングも存在するわけです。

そうはいっても、いくら誰かと対立したり、誰かに嫌われたりしても、基本的にアメリカの学校は個人主義です。

日本のようにイジメが陰湿なものにはなりませんし、授業や課外活動に影響するようなことはありません。そもそも欧米人は基本的にサバサバしています。「アジア全域を敵に回した」私も、自らすこし距離をおいて、残り少ない授業では、隣に座っている男の子とサイエンス・プロジェクトを組んだりして、まったく問題はありませんでした。

私も日本では女子校に行っていましたから、放課後になったらいつものメンバーが集まって、みんなでお化粧をしてカラオケに出かけたりすることはありました。

アメリカの、とくにボーディングスクールとなると、そのように生徒たちが「群れる」ことがほとんどありません。

だから仲間外れのようなことをしても効果がないし、放課後のアクティビティや選んだ授業などによってそれぞれが複数のコミュニティに参加しますから、友人もさまざまなところにできます。

それにもう一つ加えると、アメリカの学校では、どんなグループであっても〝リーダー〟というのができにくいのです。バスケットボール部のような体育会系のアクティビティを除けば、日本のような、先輩と後輩の区別が明確ではありません。

実際、留学生もいるため、年齢も同学年で結構バラついています。しかも「一年生の授業」「二年生の授業」と分けられているのでなく、自由に科目を選べるし、また飛び級までできるのです。だから誰が何学年かという意識など、ほとんどなくなってしまいます。

つまり、ヨコの関係はあっても、タテの関係はほとんどないのです。各々が独立していますから、堂々と誰にでも自己主張するし、そうでないとやっていけない社会です。

要は自分の意思ですべてを決めて、実行していけばいいだけのこと。社会に出たら当然のことなのですが、それをハッキリ高校生からわからせるのがアメリカのエリート養成校なのでしょう。

進路を決めるときは、専門家に助言をもらう

自分自身で、自分の人生を決めなければならない。しかし具体的に進路を決める段階になると、判断力も未熟で情報をもっていない高校生では、正しい選択ができるかどうかという問題が起こります。

だから大学への進路を決める際、アメリカでは「教育コンサルタント」とか、「進学アドバイザー」といった専門家に相談するのが一般的です。

日本には、おそらくそういった職業の人はいないでしょう。高校や塾で進路相談はするでしょうが、たいていは「偏差値がどのくらいだから、どういった学校を受けるべきか」という程度の相談だと思います。

それは何を勉強するにしろ、結局は「上位の大学に行くほど優位」ということが変わらないからではないでしょうか。

アメリカの場合は、もっと状況が複雑です。大学にはリベラルアーツ・カレッジのような小規模校もあれば、総合大学のユニバーシティもあります。また海外留学という選択肢もある。

それに「大学を卒業して就職」という道だけでなく、そのあとのビジネススクールやロースクールといった将来戦略も必要になるわけです。

だいたいアメリカの大学は、入るよりも出るほうが難しいのが一般的です。

だから成績の問題より、個人がそこの大学の方針に合うかどうかの適正が大きな判断材料になってきます。

私の大学進学時のスケジュールを振り返ると、まず高校二年の二学期（一年二学期制で、後期にあたります）の始めに、高校に在籍する進学アドバイザーのほかに教育コンサルタントを雇って、心理テストを受けさせてもらいました。

二百くらいの項目がある面倒なものでしたが、その結果、「大規模校よりも、ボーディングスクールの延長線上で少人数の大学が向いている」というアドバイスをもらいました。

そのデータをもとに、コンサルタントが一〇校くらいのお薦めの大学リストをつくってくれるのが高校二年の終わり、学年の切り替わりとなる夏休みに入る直前です。

二年生から三年生に上がるときの高校最後の夏休みは、インターンシップなど、大学進学を考えた時間の使い方をします。そして三年生になると、授業と並行して受験準備がスタート。具体的には、ＳＡＴ（大学進学適性試験）と呼ばれる全国統一試験を受けることと、志望校に提出する願書やエッセイ（三本ほどのエッセイ提出を要求されることが多く、大学によってテーマが違うため使い回しができません）を用意することです。

大学によって、また志望順位によって願書の締め切り時期はさまざまですが、基本的に高校三年の一学期（前期）の終わりである一二月ごろには、ほとんどの願書を提出し終わっている流れです。

そして、合格発表があるのがその数カ月後、二月から三月にかけてです。

私は一〇校ほどに願書を出し、合格したのは五、六校だったと記憶していますが、私が通っていたウィリストンの校長先生がオキシデンタル・カレッジの卒業生だったこともあり、「絶対そこにすべきだ」という言葉をもらいました。

オキシデンタルが本当に私に合っているのか、私には正直わかりませんでしたし、授業数の少なさや専攻の種類の少なさが気にもなりました。

ただ、人気のある大学でしたし、リベラルアーツ・カレッジの大半は田舎にあるのですが、オキシデンタルはロサンジェルスでした。高校が二年間ボストンの郊外だったため、大学は行ったことのない場所、できれば都会であらゆる機会とチャンスに恵まれている場所がいいと思い、アメリカ大陸を横断して西海岸に行きたいという気持ちもありました。

それになんといっても、「ビジット」の影響があります。日本でもオープンキャンパスが広まってきているようですが、アメリカでは学校を決める際に、そこを「ビジット＝訪問」して、その学校の様子を生で見学することが普通になっているのです。

学生側も大学側も「相性」を重視する

ビジットは通常、合格発表がされたあとの三月から五月にかけて行なわれます。

私のように田舎のボーディングスクールにいると、移動するだけで一苦労なのですが、私は東海岸のボストンから西海岸のロサンジェルスやサンフランシスコへと、合格したすべての大学を見て回りました。見るだけではありません。在校生にインタビューしたり、教授と話したり、アドミッションオフィス（入学事務局）の人たちと話したり……。

この時期は大学側も、オープンキャンパスにして、スクールツアーなどを用意してくれているのです。

じつは大学に限らず、アメリカでは高校も「オープンスクール」を設けています。私はアニーライトからウィリストンに転校しましたが、このときも試験に合格したあとで、いくつかの高校を見学してから決めています。

日本で受験といえば、「いい学校」から順位を決めて、合格したなかで上のほうの学校を自動的に選ぶのが通常かもしれません。

しかしアメリカでは試験自体よりも、むしろ自分との相性のほうが重要なのです。そして大学のほうも、必ずしも成績順でなく、この「相性」で合格者を決めているようなことところがあります。

もちろん大学には入学試験があります。しかし、じつはそれよりも重視しているのは「面接」なのです。

この面接は、大学生の就職活動とほとんど同様です。

「なぜこの大学を選んだのですか？」

「大学に入ってから何をしたいですか？」

と志望動機を聞いて、学生の〝本気度〟を確かめていきます。

先に述べたスクールツアーも、じつは受験前から頻繁に実施されています。早い段階で志望校を決めた高校生は、積極的にそれに参加しているようです。

そのときも、スケジュールは自分で組む「個人主義」です。受験したい大学をある程度しぼったら、志望校を難易度別に分けて、戦略をつくっていくのです。

当然、第一志望の大学への願書は最高の出来のものを用意したいですよね。だからみんな、願書を提出する前にスクールツアーに参加したり、大学の教授と仲良くなったりして、そのことを願書に書いたり、面接で話したりしてアピールします。

高校の授業もありますから、受験するすべての大学に時間を割いてそうした努力をすることは難しい。だから、一度も訪問したことのない大学に受かった場合、自分との相性を知るためにも、合格後に必ず見に行くことになるわけです。

ビジットに行く場合、授業を一週間ほど休むことを承認している高校が大半です。それほど自分の目で見て確かめることが大切だと、アメリカでは考えられています。

私が一〇校を受験して五、六校に受かったなどと言えば、日本では「さぞ勉強ができるんだろうな」と思われるかもしれません。けれどもアメリカで、その解釈は必ずしも正しくありません。

テストで好成績をとるよりも、まず「自分が大学へ行って何をするか」という指針を決め、大学にそれをアピールすることのほうがはるかに重要なのです。

その裏付けとなるのは、むろん「高校時代に何をしてきたか」ということです。

難関校に合格できたのは高校での「経験」のおかげ

オバマ大統領が進学したオキシデンタル・カレッジは、それなりにレベルの高い大学です。そんな大学になぜ私が入学できたかというと、面接がうまくいったからです。

それは「アピール力があった」ということでなく、高校までにやってきた勉強が認められたのでしょう。

私の場合、大学で心理学を専攻しようということは早い段階から決めていました。

というのも、ボーディングスクールでは、三年生になると、大学の勉強の〝さわり〟のようなことを勉強できるのです。政治学などとともに、心理学も選択できる科目になっていました。

高校でとった心理学の授業は、非常に難しかった記憶があります。

でも、もうすこし心理学を勉強したくなった私は、夏休み（通常三カ月）に日本に帰国したときに、精神科医の方にインタビューをしたり、日本の長期入院患者の社会復帰を助ける作業所でボランティアをさせていただく経験を得ました。

おそらくそうした経験を得ていたことが、「ならばわが校で専門的な知識を学んでもらおう」と面接官に評価されたのだと思います。

必ずしも成績ではなく、大学での勉強を将来どう活用してもらえるかという可能性をオキシデンタルは重視してくれたのでしょう。

私が希望の大学に合格できたのは、おそらくそんな理由だと思います。私にとって日本の受験勉強は難しいし、もし留学をしていなかったら日本で希望の大学に入れたかどうかわかりません。

もちろん、日本のように「一律のテストを実施し、成績上位者を入れる」というのも、一つの方法なのかもしれません。

でも、私は疑問に思います。

オキシデンタル在学時、日本の大学から交換留学にやって来た学生たちがいました。彼らと話をした私は、何をするために大学に入ったのか明確でない人が日本には多くいるように思いました。

「商学部から来た」という人に、「大学で何をしてるんですか?」と聞いてもハッキリした答えが返ってこない。

社会学専攻の有名大学の学生に、「社会学ってどんな勉強なの? 大学で勉強したことを教えて」と聞いても、まったく説明がピンとこない（私は社会学を学んだことがなく、どんな学問か興味津々だったのですが）。

アメリカの場合、「将来こんな仕事をしたいから、いまはこれを学ぼう」とか、「一年間は興味をもっているこの勉強をしよう」などと、「入学してから勉強すること」を見据えて大学を選ぶのが一般的です。

すでにビジネスで上を目指すことを決めている人は、ビジネススクールやロースクールのような大学院に行くことが前提になっているし、理系の人ももちろんそういう傾向にあります。

とくにリベラルアーツ・カレッジのような、卒業後は大学院に進むことがほとんど前提となっている大学となるとその傾向が強いので、あまり気まぐれで入ってくる人はいません。自分の指針をハッキリさせないと、入りにくいし、入ってもまたうまくいかないのがアメリカの大学なのです。

リベラルアーツ・カレッジとユニバーシティの違い

ここでリベラルアーツ・カレッジについて、詳しく説明しておきましょう。というのもリベラルアーツ・カレッジは、アメリカのエリート教育の理念や彼らの勉強法を知るには欠かせない存在なのですが、じつはアメリカ人の間でもさほど有名ではないからです。

普通のアメリカ人ならば、たとえばボストン・カレッジとか、ウェルズリー・カレッジのような個別の大学名（いずれもリベラルアーツ・カレッジです）は知っていても、リベラルアーツ・カレッジとは何かをよく知らない人が多いでしょう。

その理由は、やはり卒業生の数が絶対的に少ないからではないかと思います。どこの大学も、基本的に総学生数は一〇〇〇〜二〇〇〇人くらいで、一般的なユニバーシティの三分の一程度です。

言ってみればリベラルアーツ・カレッジは、学生数を絞って教育を提供している「小さな大学」。大学が小さいということは、一人の教員に対する学生数が少ないということです。

USニュース誌によると二〇一〇年に、アメリカのユニバーシティの平均的な学生数と教員数の比率は一六対一（一六人の学生につき一人の教員）なのに対し、リベラルアーツ・カレッジの平均は一二対一でした。

うちトップにランキングされる「ウィリアムズ・カレッジ」「ユナイテッド・ステイツ・ミリタリー・アカデミー（通称ウエストポイント）」などは七対一になります。

つまり、教授が中心になって研究機関として成り立つユニバーシティと違い、学生を中心に置き、教授をメンターとした親密できめ細やかな教育を行なっているのがリベラルアーツ・カレッジの特徴なのです。

こうした傾向は、単に人数比率の問題でなく、授業の内容や形式にも現れています。

たとえばリベラルアーツ・カレッジには、大講堂で教授がマイクを使って講義をするタイプの授業は原則としてありません。一クラス二〇人の単位が原則で、ほとんどディスカッション方式の授業をしています。

また、ユニバーシティだと「TA（Teaching Assistant）」と呼ばれる修士号や博士号を取得中の大学院生が授業を教えたり、テストの採点をすることがよくありますが、リベラルアーツ・カレッジには、大学院がそもそもないのでこれがありません。一人の教授が学生のパフォーマンスやキャリアの相談など、総括的に一人ひとりをよく知ったうえで教育を行なっているのが特徴です。

教授と学生が共同で論文を発表するということも、リベラルアーツ・カレッジではよくあることです。

実際に、教授と学生たちの間にはコミュニティ意識が強く、「Office Hour（オフィスアワー）」と呼ばれる教授のオフィスを訪ねられる時間帯は、ユニバーシティよりも長く設けられています。

もちろん大規模校にも同じ制度はありますが、リベラルアーツ・カレッジでは教授と一緒にハイキングに出かけたり、夜食に招待されたりということが多く、気軽さや近さという点では、圧倒的にユニバーシティと異なっているでしょう。

つまり「教育機関」というより、「私塾」といった性格をリベラルアーツ・カレッジはもっているのです。だからこそ学生のほとんどは私のように、卒業してから大きな大学の大学院に進学します。

実際、ハーバード・ビジネススクールの学生をみると、リベラルアーツ・カレッジ出身者が少なくありませんでした。

大学院に行けばそこが最終学歴になりますから、リベラルアーツ・カレッジ自体はあまり目立たない。でもじつは、優秀な学生をどんどん「より高いレベルの学校」に送り出すエリート養成所として、実績を出し続けているわけです。

リベラルアーツ・カレッジの利点と欠点とは

最後に、USニュース誌で紹介されているリベラルアーツ・カレッジの利点と欠点をまとめると次のようになります。

【利点】
・学生が最大の優先事項である（教授陣にはもちろん自分の研究を進めるタスクはあるものの、学生の教育を何より大切にする）
・クラスの規模が小さい
・とりたいクラスをとれる（大規模な大学だと人気のあるクラスは定員オーバーというケースが多いが、リベラルアーツ・カレッジではあまりない）
・一般的に、質の高い学生が集まる（学生数が限られているため大変な入学倍率であり、また、大学での学習を優先する意識の高い学生が多く集まる

傾向がある）
・教授と仲良くなれる
・コミュニティ意識が強い
・小さい大学であるため、学生が孤立して孤独を感じることが少ない
・学生へのケアが行き届いている（学生がクラスで苦労していたり、私生活で上手くいっていないときなど、教授やメンターが気がつき、手を差し伸べてくれるシステムがある）
・卒業生ネットワークが活発（コミュニティ意識が強いため）
・興味のあるアクティビティに誰でも参加できる（大きな大学だと、スポーツではスター級でないと実際にプレイできないことがあるが、学生数が少ないのでそこまで競争が激しくない）

【欠点】
・授業料が高い（リベラルアーツ・カレッジだけでなく、私立大学を進学先に選ばない理由のほとんどがこれ。アメリカの平均的な州立大学の授業料は一万三〇〇〇ドルであるのに対し、平均的な私立大学の授業料は三万一

〇〇〇ドル。リベラルアーツ・カレッジはすべて私立）

・借金をしなければならない（学資援助もあるがそれではすべて払いきれないため、学生ローンを組んで通うケースが多い）

・開放的で都会的な環境ではない（小さなコミュニティのため、噂が飛んだり人間関係でドラマが生まれたりすることが多い。高校に戻ったみたいだと思う学生もいる）

・大きな大学に比べ、多様性が少ない（学費が高いため、社会的・経済的なバックグラウンドの多様性があまりない。ただし、留学生の比率はどこも学生数の五～一〇パーセントと、大きな大学と大差がない）

・知り合いになれる学生の絶対数が少ない

・教授やメンターが細かくケアしてくれるのはいいが、社会に出たらそう甘くはないので、箱入り生活だと思う人もいる

・大きな大学に比べて、専攻科目、履修できる授業の種類が少ない（私の通っていたオキシデンタルでは、たとえば当時はコンピューターサイエンスが専攻できなかった）

・大学内でのイベントの数が少ない

・有名なカレッジスポーツがないので、学生によってはつまらないと感じる（アメリカで大人気の大学バスケットボール大会「ＮＣＡＡ」などはすべて大規模大学のチーム）

リベラルアーツ・カレッジの大変なところは、なんといっても学費の高さでしょう。

だからほとんどの学生は、何かしら奨学金をもらい、あとはアルバイトをして補っていきます。大学図書館の受付など、学内でも結構仕事は募集されています。

一般的にリベラルアーツ・カレッジは、「お金持ちの子が行く」という印象をもたれていますが、いざ入学してみると、努力して奨学金で学んでいる学生が案外と多い。私が仲の良かった黒人の男の子も、アメフトで奨学金をもらって、数学のクラスで勉強していました。

それでも足りないぶんは、学生ローンを組んで補う場合もあります。入学する学生本人がローンを組むというのは、日本では考えにくいかもしれませんが、アメリカではごく普通のこと。大学生にもなると、「もう大人」という感覚が日本よりも強いのです。

学費を親に払ってもらった学生でも、日本のような「仕送り」の文化はないのが普通です。だから学生のうちは、ルームメイトを探して、学生寮やアパートをシェアします。生活費を安く上げることは、大学生活を乗り切るための重要課題でもあるのです。

考えてみれば、これも勉強なのでしょう。大学生活を通して、自分自身の生活をマネジメントすることを余儀なくされる。

時間がない、お金がない、それでいて勉強すべきことはたくさんある……というのがアメリカの大学ですが、そこでやりくりをしていくことによって社会人として不可欠な能力を身につけていきます。

そしてレベルが高くなればなるほど、要求されることも当然高くなっていくのです。だからこそリベラルアーツ・カレッジなど優れた大学は、企業社会に「エリート」とされる人間を多く輩出することができるのでしょう。

Chapter 5

成果主義はすでに始まっている

……遊ぶ暇があれば、学生時代から人生経験を増やそう

アメリカの大学生はここまで成績にこだわる！

　ここまで本書を読んできて、高校から大学院まで、アメリカの学校は日本と比べて、出される「宿題」が多いなあと感じた方もいるのではないでしょうか。

　これはまさにその通りで、だからこそ学生は自宅に帰っても勉強するしかありません。平日は遊んでなんかいられないですし、学校の勉強だけで十分ハードなので、日本のように進学塾に通うこともありません。

　ならばサボればいいじゃないかと思われるかもしれませんが、アメリカの場合は、大学の入試でも企業の採用でも、じつは学校の成績がかなり重視されるのです。

　だから高校でも大学でも、とかくみんな成績ばかりを気にしています。日本でいう「ガリ勉タイプ」の学生は、アメリカに来てみれば、ごく当たり前かもしれません。

とくに学生たちが成績に神経質だと私が感じたのは、リベラルアーツ・カレッジのオキシデンタルで学んでいたときでした。

そのときは二学期のはじめに一学期の成績が発表されると、まず学生がやることは抗議。たとえば「Ｂマイナス」という評価だったら、「いや、そんなわけがない。私はＢのはずだ」と、みんな教授に直談判に行きます。実際に私もやりました。

日本ではまず考えられないことでしょう。それに抗議したからといって成績が変わるかといったら、ほとんど覆ることなんてありません。

それでもなんとか評価を上げてもらおうと、教授に食らいつく。それくらいアメリカの大学生は成績主義なのです。理由はもちろん、それが大学院や企業といった将来の進路決定に響いてくるからです。

アメリカの大学では「ＧＰＡ（Grade Point Average）」という評価法が実施されていて、Ａ～Ｄの四段階にＦ（落第）を加えた五段階で成績がつけられ、４点までの点数がつけられます。日本だと優・良・可・不可といった言葉になるのでしょうか。

A……4点
B……3点
C……2点
D……1点

「GPAが何点だ」というのは、すべての評価の平均点です。だから「GPAが4・0だ」といえば、すべての評価がAの最優秀な成績ということ。

現実に「オールA」はなかなかいませんが、「3・8」くらいの人はトップレベルで、誰からも「すごいね」と言われるようになります（通常よりレベルの高いクラスでAをとると、4点より高い点数を得られることがあり、GPAが4・0を超える人もまれにいます）。

このGPAはアメリカ中の大学で共通の評価法になっており、就職や大学院進学の際に必ず聞かれることです。

とくに大学院はシビアで、「3・0」以下であれば、ほとんど相手にもされません。

リベラルアーツ・カレッジとなると、大学院への進学を希望する生徒がほとんどなので、GPAは死活問題。誰もが成績を気にするわけです。

この評価制度が厄介なのは、「すべての教科の平均点」であること。ほかの教科が全部「A」であっても、たとえば一つでも「C」があれば、それだけで点数が一気に下がります。

だから厳しい教授の授業が避けられることもあるし、安易に「面白そう」と授業を選択できない部分も出てきます。かといって、絶対とらなければいけない必修科目もありますから、なかなか賢い突破法というのも存在しないのが現実です。

そのあたりの難しさもあるから、誰しもが成績には神経質になってしまうのがアメリカの学校なのです。

授業がない日はインターンシップで実践をつむ

大学ともなると、ボーディングスクールに比べ、学生にかなりの自由が与えられて、授業を選択して好きな時間割を組めるようになります。

朝が苦手なら午前八時半からの授業を避けたり、金曜日はオフにして三連休をとりたい学生はほかの日に授業をたくさんとったりします。

私はというと、そもそもオキシデンタル・カレッジを選んだ理由の一つがロサンジェルスにあることだったので、ロスにいる間に現地の企業でインターンとして働こうと思い、大学三年と四年の二年間は週二回インターンシップをしていました。時間割としては、月水金は授業を朝から晩までとり、火木は九時から夕方六時までインターンシップ、ということになります。

アメリカの企業は大企業でなくても、無給の学生インターンを雇う体制が整っています。私の場合、ジェトロ（日本貿易振興機構）のロサンジェルス支社と、ハリウッドにある小さな映画産業のベンチャー企業（二三歳くらいの男性二人がファウンダーでした）で働きました。

対照的な二つの会社で働くことで、いろいろな社風や流儀があることを知りましたし、ハリウッドのビジネスがどのように成り立っているかを実践として学ぶことができたのは大きな財産となりました。

また、ジェトロではほかの大学に通う日本人と知り合うこともできました。なかなか人と知り合う機会をつくるのが難しい広大なロスという地域で知り合った彼らは、いまでも大切な友人です。

このような時間割を組んでいるのは何も私だけではありません。大学側も企業と組んで、さまざまなインターンシップを紹介してくれますし、教授に相談に行って紹介してもらうこともできます。同じ心理学を専攻していた友人は、教授に紹介してもらって、ロサンジェルスにある幼児セラピーに特化したセンターで週一、二回インターンシップをしていました。

実践で業界のことを学べば、就職のときに役に立ちますし、実際にインターン先に就職することも珍しくないため、夏休みの三カ月以外もこのように時間を有効活用するのは大切なことです。

ハーバード・ビジネススクールの時間割は早朝七時半から!?

ここまでは、ボーディングスクールとリベラルアーツ・カレッジにおける「時間の使い方」について述べてきました。

その延長線上に大学院、私の場合であればハーバード・ビジネススクールがあるのですが、ここから先は基本的に「人間教育」ではありません。

大学院で提供されるのは、教育を終えた人間に専門能力を授けるための学問。ハーバード・ビジネススクールであれば、「ビジネスの頂点に立つ人のための勉強」になるわけです。

だから学生たちは当然、大人として扱われます。クラスメイトたちを見回せば、ほとんどが二〇代ですが、みんな入学前に各業界で活躍した経歴をもつ人ばかりです。

もはやそんな人たちに、いちいち「何をしなさい」という規律は必要ありません。基本的には自己管理の問題になります。

でも、自分任せとはいえ、ゆっくりなんてしていられません。前にも述べたように、ハーバード・ビジネススクールはとにかく勉強の課題が、毎日毎日、山のように出されるわけです。一日にやるべきことが多すぎますから、なんとかケース（事例）を読んで考える時間をつくらなければならない。これはもう、最優先事項です。

けれども、大学院とはいえ、拘束される時間は多いのです。授業だけでなく、前章で述べた「ラーニングチーム」という、グループに課せられた課題もあります。

学生たちは、みんながみんな忙しく、グループでミーティングのできる時間なんて授業開始前の早朝しかないからでしょうか、学校側が指定したラーニングチーム用の時間は朝七時半からの一時間でした。

この時間帯には、食堂や図書館、空いたクラスルームなどにラーニングチームのメンバーが集まり、その日一日で扱うすべてのケースをおさらいします。私は朝の六時前に起き、準備をして出かけ、七時半から八時半までミーティングをするようなスケジュールでした。これを一年生の間、一日も欠かすことなく毎朝続けるのです。

日本の学生で、早朝会議を経験する人なんて、そうそういないのではないでしょうか。

授業はだいたい午後二時から三時半には終わりますが、じゃあ夕方や夜はどうなのかというと、夜は夜でいろいろなことがあります。

それこそ、これまでのボーディングスクールやリベラルアーツ・カレッジとはうってかわって、今度は社交や人間関係づくりのためのパーティーなど、さまざまなイベントに誘われたり、付き合いで出たりということが多くなるのです。

「大変なら出なければいい」と思うかもしれませんが、ビジネススクールは、ビジネスパーソンとしてのスキルを磨く場です。企業とのつながりもできるし、社会から孤立するような性格ではやっていけません。

コミュニケーション能力や対人関係能力を磨き、ネットワークを増やしていくのが必須の活動なのです。

さらに企業派遣でなく一般の学生であれば、ビジネススクールに入った時点から、実質的に就職活動が始まってしまいます。アメリカでの就職活動については次章でも述べますが、毎日出される課題と平行して、面接をしたり、研修を受けたりするのです。

これでは自分なりの、効率のいいタイムマネジメント（時間管理）の方法を編み出さない限り、とてもやっていけません。

さらに私の場合は、特別な事情もありました。じつは、ハーバードで出会った夫と婚約中だった在学二年目のはじめに妊娠し、出産の準備をしながら勉強を続けることになったのです。だから本当にこの期間は、怒濤《どとう》のような日々になりました。

妊娠はある程度、私と夫のなかで計画的に考えたことです。もちろん〝授かりもの〟なのですべてが思い通りにはなるわけではありませんが、ハーバード・ビジネススクールに入学した当初から、この二年間でＭＢＡ（経営学修士）の取得以外にも、人生のマイルストーンを何か手にしよう、と私は考えていました。

当時独身だった私にとってそれは、結婚、そしてその先にある出産だったのです。二〇代後半の貴重な二年間です。遊ぶ暇があれば人生経験を積みたい、私はいつもそう考えていました。

いま思うと、こういった「時間を有効活用したい」という私の精神は、ボーディングスクールとリベラルアーツ・カレッジで磨かれたものなのかもしれません。

出産の五日後に試験を受け、ハーバードを卒業した

「人生の時間は限られている。ましてや大切な人、両親や親友などと時間を共にできる時間は、思っている以上に長くない。その人たちと一緒にいたいと思うこととの何が間違っているの？　だから私は卒業後、母国に帰る」

こう言ったのは、私のハーバード時代の友人です。

あとで知ったのですが、彼女のお母さんは闘病生活をしていたのです。彼

女はどんなことよりも、まず母親の側にいることを優先しました。

日本では「タイムマネジメント」が、ビジネスパーソンに人気のあるテーマだと聞いています。

ありとあらゆる作業を同時並行して、いかに効率よくこなすか。確かにそうしたマルチタスクの術は、これからの仕事に必要なことなのでしょう。

ただ、当時の私には、将来のための勉強、就職活動、人間関係づくり、そしてお腹のなかに芽生えた命……と、どれをとっても重要な問題が押し迫っていました。そんなとき、本当に必要なのはスピーディにすべてをこなすことではありません。

むしろ、「いまの自分にとって最優先なこと」に全力をかけて、集中することだったのです。

もちろん人にはさまざまな考え方があるでしょう。けれども、ちょうど学業と就職と出産が重なったこの時期、私が出した結論は、「最優先に集中する」でした。

何より私が最優先するべきなのは、無事に子どもを産むことです。

その次は、やはりハーバード・ビジネススクールを挫折せず、なんとか修士課程を修了させることでした。

最終学期である二年目の二学期（一〜五月）に、私は五科目を履修していました。そのうち四科目は、期末試験の代わりに期末論文（ペーパー）が課題です。それぞれ、だいたい二〇ページから三〇ページの論文を書かなければなりません。

通常なら論文の指導・提出は、授業が終わりに近づいた四月に行なわれますが、なんと、ちょうどその時期に臨月を迎えることになっていました。

では、どうするか。

私は、一カ月以上前に四本の論文を書き上げることを決心しました。

むろん教授たちの理解がなければ、そんな個人の都合による前倒しはできません。でも、こと出産のような大きな問題になると、ハーバードの教授たちは非常に寛容なのです。いまでも大変感謝しています。

ほかの学生たちが旅行をしたり、就職活動をしたりする春休みなどの時期を使い、私はボストンに引きこもって、締め切りの一カ月前になんとか期末論文を書き上げることができました。

　大きくなりつつあるお腹を抱えながら、合計一〇〇ページ近い論文を書き上げるのは簡単ではありませんでしたが、自分でも驚くほどの集中力がありました。

　このときも各論文のデッドラインを自分で決めると、何があってもそれを守ることを自分に課しました。終わらせるために明け方の四時まで作業をすることもあったのです。娘の胎動を激しく感じながら、「こんな時間にママ起きててごめんね」と語りかけて、必死に終わらせたのを覚えています。

　しかし、それでもまだ、通常の授業は残っています。それに一科目の期末試験だけは、ほかの学生との兼ね合いもあるため、事前に受けることはできなかったのです。

　出産を間近に控えた時期でも、ケースを読む作業は続け、予習は行ないました。そして無事に出産。その五日後に期末試験という強行スケジュールになってしまいましたが、夫と母に娘を見てもらい、母乳を事前に搾乳しておきながら試験を受けて突破したのです。出産直前にあらかじめ試験勉強をしておいて本当によかったです。

その数週間後、私はハーバード・ビジネススクールの卒業証書を受け取ることができました。

じつは友人のなかには、出産を何よりも優先したほうがいい、ストレスフリーな環境に身をおくためには一年間休学するのも手だよ、とアドバイスしてくれた人もいました。

でも、私のなかにその選択肢はなかったのです。生き急いでいるわけではありませんが、夫や母のサポートがありましたし、自分ならできると自分にムチ打つ感覚もイヤではありませんでした。

誰であれ、自分の能力の限界なんて知らないのです。

だから短期間であり、かつ明確な目標があるのなら、無理にでも集中して頑張ったほうがいいと思います。

その代わり、就職活動は後回しでいいと、私は割り切ったのです。出産で大変になる前にオファーをもらったサマーインターン先の戦略コンサルティング会社が一社あり、そこに就職するつもりでいました。

ほかは数社を受けた程度。在学中にほかの会社からオファーをもらうことはできませんでしたが、「最優先に集中」すると決めたので、後悔はありませんでした。

私は、自分が満足できるハーバード・ビジネススクールでの二年間を全うすることができました。この経験は、これからの私の物語のなかでも、大きな自信として生かされていくだろうと信じています。

「家族の時間」をどこまで大切にできるか

出産してから卒業する学生というのは、いくらアメリカの大学院でも、それほど多くはありません。

ただ、ハーバード・ビジネススクールの学生には、社会人経験を積んでいる人が多いですし、会社に席を置いている人もいます。年齢もさまざまですし、子どもがいる学生もいます。

面白いのは、ハーバードが家族を歓迎していることです。だから学生にも教員にも、子どもやパートナーを大学に連れてくる人がときどきいます。

さらに嬉しかったのは、私自身も経験したハーバード・ビジネススクールの卒業式でした。

日本の大学と同じように、壇上に上がって学長から卒業証書を授与されるセレモニーがあるのですが、子どもがいる学生や在学中に子どもが生まれた学生は、その子も壇上に連れて上がっていいことになっているのです。

卒業式当日、黒色のガウンを着た私も、生まれたばかりの娘を抱きながら壇上に上がりました。

腕のなかでスヤスヤと眠る娘を左腕で抱えながら、右腕で学長と握手をして、卒業証書を受け取る瞬間。ここまできて初めて、「二年間のプロセスをコンプリートした」と自分のなかで胸を張って言えることができ、経験したことのない達成感と充実感で全身が震えました。

自分自身に対して、心の底から「頑張ったな」と思えることは、人生経験が増えるほど難しくなると思いますが、このときはまさに、誰も奪うことのできない確固たる自分への自信や信頼というようなものが築かれた瞬間でした。それと同時に、いままで私を支え、応援してくれた人すべてに感謝の気

ハーバードの卒業式。娘を腕に抱いて卒業証書を受け取った

持ちが溢れ、涙がこぼれました。

ハーバード・ビジネススクールに入る人は、言うまでもなく、仕事での成功を願ってこの学校の門を叩いています。

そのイメージからすると、人生の優先事項に「仕事」をもってくるのが当然だと想像する人も多いでしょう。

しかしビジネスケースを考える授業でも、教授たちはたえず「家族の重要性」を説くのです。前にも、離婚の問題をとり上げたケースを紹介しましたが、ほかにも「家族」をテーマにしたスライドを学生たちに見せて考えさせるような授業をした先生もいました。

つまりハーバード・ビジネススクールと

いう、ある意味、やがて世界でいちばん忙しくなるビジネスパーソンたちを世に送り出す場所で、むしろ仕事に縛られず、自分の人生における幸福感を最重視した選択をするように説いているわけです。

それが理由かどうかはわかりませんが、二〇代で卒業した私の周囲を見ると、卒業後一年くらいで婚約したり、結婚したり、子どもができたという人がたくさんいます。

アメリカでは日本以上に、キャリアウーマンが結婚後、あるいは出産後も働き続けられる環境があることも大きいのですが、アメリカでは、エリート層ほど家族をつくり、子どもを育てていくということをきちんと人生目標に据えているのだと思います。

じつはそんな「当たり前」に思えることが、難しいことであると同時に絶対に妥協してはいけない大切なことだからこそ、エリート層の意識が高いのかもしれません。

これが「仕事」を研究する世界最高峰の大学院で考えられていることなのです。結婚率も低くなり、人口減少が確実な日本は、もうすこし教育のあり方を考え直すべきではないでしょうか。

ハーバード・ビジネススクールの卒業前に、学校から「ここへ来て一番よかったと思うことを三つ選べ」というアンケートが送られてきました。一五ほどの選択肢があったのですが、私が選んだ次の三つです。

1. 知識を得た
2. キャリアオプションが広がった
3. 人間として成長できた

当たり前ですが、大学や大学院に入るのは勉強をするため。勉強したからこそ、人生や仕事における大切なことを学ぶことができました。

だから当然、「就職活動」と「大学の勉強」を比べれば、後者の優先順位が高くなる。私たちは、わざわざ厳しい授業を乗り越え、この学校で教えていることを理解しようと努めるのです。

しかし、日本で「勉強」といえば、「いい大学に入るため」「いい会社に入るため」「いいポストを手に入れるため」と、どうしても勉強そのものとは別なところに目的をもっていきがちです。

そんなことだから「勉強することで自分を成長させる」という勉強の本質が忘れられてしまうのではないでしょうか。

自分が優先すべきことをしっかり見据え、それに対して集中する。

それがハーバード・ビジネススクールで私が学んだ、最も大切な時間の使い方です。外にノウハウを求めるばかりでなく、私たちはもっと自分の内面を見つめる努力をしていくべきでしょう。

Chapter 6

アメリカでは就職後も「勉強」が続く

……全米一「働きたい会社」グーグルで働くということ

アメリカに残ることを私が決めた理由

二〇一一年の初夏から、私はグーグル米国本社の社員として働くようになりました。べつの現地企業に務めている日本人の夫と娘と、いまはボストンを離れ、シリコンバレーで暮らしています。

名門のハーバード・ビジネススクールを卒業していても、個別の業界経験をもたない外国人がアメリカで米国企業に就職するのは、ほぼ不可能と言われています。

確かに私は一六歳から渡米していてアメリカ生活が長いですし、ハーバード入学前に日本で起業した経験もあります。だから大学院からアメリカに留学してきた日本人に比べれば、有利にはなるのでしょうが、それにしても外国人であることに変わりないですし、出産をして、子育てのため卒業後数カ月の空白期間を置いたあとです。

そんな私が「世界で最も働きやすい会社」とまで言われ、超人気企業になっているグーグルに入れたのですから、自分でもこれは驚きです。

じつを言うと卒業前、出産を控えた私は、ハーバードを終えたら日本に戻るつもりでいました。

夫は日本人ですし、私はすでに日本の戦略コンサルティング会社からオファーをもらっていました。

それを迷い始めたのは、無事に娘を出産し、子育てをするようになってから。卒業してはいたのですが、ボストンで子育てをしながら「はたして日本に戻っていいのだろうか？」と考えるようになりました。

それは私自身のためではありません。この世に生を授かった娘のためです。

背景にはハーバード・ビジネススクールの最終学期にとった、過去と現在の偉大なリーダーたちを研究する授業がありました。

たとえばアップルのスティーブ・ジョブズ元CEO。あのすさまじい才能と感性が形成された背景には、あきらかに環境の影響があります。

彼が育った北カリフォルニアにはエンジニアの家族が多くいたため、放課後は友人の家などに行き、つねに最先端の技術に触れていました。友人と一緒にラジオに似たものを作ったり、子どものころから実験をしたり何かを組み立てたりして、創造性を培ったのです。

グーグルの創設者であるセルゲイ・ブリンとラリー・ペイジも、コンピュータサイエンティストや数学者の親に育てられました。やはり育った環境が、彼らを創造力溢れる人間にしたのでしょう。

とはいえ、私は娘にエンジニアになってほしいわけでもないし、経営者になってほしいわけでもありません。

彼女が何を追求しても自由なのですが、大切なのは、娘の「興味の萌芽」を促す環境が周りに用意されているかどうかです。

娘がさまざまなことに感受性豊かに反応し、興味があればそれを深く掘り下げていくことができるなら、大人になってから彼女はいろいろな方向に才能を伸ばしていくだろうと思っています。

人種、思考、業種、学問、生き方など、あらゆることに多様性をもっているアメリカ社会には、その環境があります。

しかし日本にそれがあるかといえば、どうしても疑問に思わざるをえなかったのです。日本で将来、自分のやりたいことを実現したいと思えば、どうしても大学までは受験を見据えた画一的な教育方針を受け入れるしかありません。

考えれば考えるほど、日本に戻ることは「娘にとってよくない」と私は思うようになりました。

よい人生のパートナーを選ぶことの重要性

親と子どもが同じベクトルで成長し続けられる、あるいは挑戦し続けられる、それでいて多様性に満ち溢れた場所はどこかと考えたとき、真っ先に思い浮かんだのはシリコンバレーでした。

私はハーバードで授業を受けるうちに、ＩＴ業界に関心をもつようになっていたのです。

一方、夫もハーバード・ビジネススクールの学生だったのですが、彼は卒業後、日本で投資銀行に勤めることになっていました。しかしその彼も、娘が産まれたことで同じように人生観が変わっていました。

「卒業したら、シリコンバレーに行くことに決めました。アドバイスをいただけますか?」

私が親しい人にそんな連絡をし始めたところ、

「君の旦那さんは金融業界へ進みたがっていたのに、その道を断つことになるけど、いいのか?」

と、思いとどまることを勧める意見もありました。

それでも決心を固めた私たちは、シリコンバレー行きの計画を立てました。そして夫は、シリコンバレーに移住して半年後、ある現地企業からオファーをもらうことができたのです(彼は留学前にソフトウェアエンジニアをしていた経験がありました)。

私はリスクをとりたがる傾向のある人間ですから、周囲からも仕方なく思われます。だから、

「あなたがそうしたいと思ったのは理解できるけど、一緒に行動に移した旦那さんもすごいね」

などと言われたものです。

私自身は、ハーバードで教授たちが口をすっぱくして教えてくれた、「よいパートナーを選ぶことの重要性」が認識できた気がしています。このシリコンバレー移住計画を通して痛感した、私にとってのよいパートナーの定義は、「人生をオリジナルにデザインする柔軟性と創造性があり、行動力が伴っていて、かつ肯定的で明るい人」というものでした。

一〇〇社に落とされた私が、グーグル入社をつかむまで

私自身は、夫が現地企業で働きだしてから娘を保育園に預ける余裕ができたこともあり（アメリカの保育園は日本とは比べものにならないほど費用が

高く、毎月一八〇〇ドルほどかかります）、本格的に就職活動を開始しました。その五カ月後、グーグルへの就職が決まったのです。

確かにＭＢＡは取得しているものの、日本人であることはシリコンバレーで特別有利な条件ではありません。

これはべつにシリコンバレーの企業が日本市場に関心をなくしているからではなくて、つねにダイナミックに変化するＩＴ業界では、日本語がしゃべれるから、日本人だから、という理由だけで雇われることは少なく、どんな変化にも対応できるマルチな人材が求められているからです。

そして私は、エンジニアではないわけです。大学で心理学を学び、大学院で経営学を学んだ人間。プライベートでは一児の母です。普通ならば、ＩＴ業界から歓迎される立場ではないでしょう。

実際、就職活動は困難な道のりでした。ハーバード出身だろうが関係なく、無職の人間に社会は厳しい。私は何度も日本に帰ろうと悩んだものです。

そんな私が、一〇〇社ほど受けて、軒並み断られた末に、唯一勝ち取ったオファーがグーグルでした。

ただし、グーグル入社までの道は平坦ではありませんでした。なんとかして最終面接まで行ったものの、面接のあとは張りつめていた緊張の糸が一気に切れたのか、帰宅後、体調を崩して寝込んでしまうほどだったのです。

でも、それくらい努力して入る価値のある会社ですし、逆に自分が本当にやりたいことは本気で頑張れるから、最後は「入社」を手に入れることができたのだろうなと思います。


検索エンジンとして始まったグーグルという会社でも、結構異動はありますし、担当する商品も変わります（実際、私も入社して三カ月ほどたったあと、抜擢されて別のグループに異動しました）。

いま求められているのは、一つのことしかできない専門家ではなく、ある程度オールマイティにすべてを理解して、瞬時に自分なりに咀嚼してアウトプットできる人間。私はそれを一種の「専門能力」だと考え、そういった人材を「Specialized Generalists」と個人的に呼んでいます。

どうすれば毎日を効率的に過ごせるか

グーグルに勤務するようになり九カ月以上経ちます。労働環境は日本に比べてかなりよく、いつも朝九時前にオフィスに着いて、夜は六時前には必ずオフィスを出ています。

しかし、グーグルでの仕事やこの本のプロジェクトをはじめ、私には数々のこなさなければならないことがあります。

いちばん大切なのは家族のために時間をつくること。そして、経済的かつ健康的な食生活を送るために毎日食事をつくり、その他の家事をこなすこと。その合間にハーバードやオキシデンタル時代の友人、会社の同僚たちと親交を深めたりもしますし、週三、四回はジムへ行ったりランニングをしたりして運動もしています。

そして「勉強」も。私はいま、ウェブデベロップメントなどに興味をもっているのですが、その勉強をする時間も必要なのです。

はたして限られた時間内でどうやってこれらをすべてこなすか？

私が導きだした答えは、フォーカス（焦点）をもって、家にいない時間を有効活用するということでした。また、夫婦間の役割分担を明確にして、夫からも協力を得ています。

家に帰ると甘えん坊の娘がいて、私が携帯電話やｉＰａｄに触るのもイヤがるため、コンピュータを使う作業は娘が寝つくまでできません。だから家にいない時間をいかに効率的に使うかが肝になるのです。

具体的には、朝早く家を出て、始業前に自分の作業をしたりします。ランチタイムを利用して、ヨガのクラスもとっています（オフィスのなかにジムがあるのでとても助かります）。

仕事が始まれば、五時半までに片付けようと、その日のデッドラインを決めます。もくもくと仕事をこなして、五時半から一時間は、自分の作業をしたりもするのです。

仕事の進め方でも、工夫をしています。

打ち合わせは、仕事の生産性や効率を下げるものなので、生産性がいちばん高い午前中はなるべく予定を入れません。スケジュールが埋まってくるとこれは実行するのが難しいのですが、そう意識するだけでも違います。

友人や同僚との付き合いについても同様です。

これも、ただ「そういうものだ」と受け止めるのではなく、どうすれば効率的にできるかを自分で考え、会社にいる時間を有効活用することにしました。つまりはランチタイムです。

会社の外で友人と会ったり、勉強をしたり、ジムに行ったり。やろうと思えば、昼間の一時間はかなり有効に使えることがわかりました。

夜はといえば、ランニングをしたり、ネットワーキングイベントに出席したり、家にまっすぐ帰ったりと、平日は人との交流にあまり使いません。ただ、そういう予定が入った場合は、その日の前後で埋め合わせのために昼間ジムに行ったりして一週間単位で調整をしています。

週末は基本的に仕事をしません。物事はメリハリをもって短期的に集中してやるべきだと考えています。

じつは、グーグルで働きだした当初は週末も仕事をしていたのですが、結果的にアウトプットの質も量も四半期単位で見たときにあまり変わらないことに気づいて、やめました。

いまは仕事をする代わりに、料理を楽しんだり、家族でナパバレーまでドライブをして、ワインテイスティングをしたり（夫は運転するので私だけ）、友人とブランチをしたり、ジャズコンサートに行ったり……。

買い物に行くことも当然ありますし、栗拾いに行ったこともあります。娘ができてから週末が活動的になったなと自分でも思うのです。

仕事で大切なのは、「ノー」と言えること

こうした時間の使い方を考えるに際して思い出すのが、有名な「80対20の法則（パレートの法則）」です。

ハーバード・ビジネススクールやコンサルティング会社などでよく聞きましたが、これは時間の使い方にも当てはまります。

つまり、八〇パーセントの結果は費やした時間の二〇パーセントから生じるということ。そして自分の人生の幸せの八〇パーセント（多くの場合それ以上）は、大切な数少ない二〇パーセント（多くの場合それ以下）の人々や行為から生まれてくるということ。大事なのは、フォーカス（焦点）をどこに置くかでしょう。

フォーカスをもつということですが、スティーブ・ジョブズも言っていたように、それは「ノーと言えるようになること」なのです。

物事の優先順位が明確にわかっていて、目標も明確になっている場合、さまざまな誘いや情報のメールにも「あえて断る」「読まない」といった選択をして、時間の使い方を調整することが大切だと思います。

私の場合、インターネットをしているときに、目的もたずにあるサイトに滞在し、莫大な情報量に埋もれて気がついたら三〇分も経っていたということがよくありました。

そんな過ちをくり返さないよう、最近は明確な目的をもつようにしています。そして用が済んだらさっさと閉じる。

また、心理的なことかもしれませんが、情報を知りすぎると消化不良を起こし、自分にとってプラスにならないばかりか、マイナスに働くこともあると気がつきました。

だから意識的に情報を遮断することは、精神の安定のためにも大切なことなのです。


精神の安定ということでいえば、これはシリコンバレーで仕事を始める前からそうなのですが、自分のインナーボイス（内なる声）に耳を貸す時間を意識的につくることが、私にとっては重要です。

「自分は三年後、五年後どうなっていたいか？」

「人生でやりたくないことは何か？」

「逆にいま一番やりたいことは何か？」

など、答えがすぐに出せないような質問をたくさん自分自身に問いかけ、徹底的に考えることで、自分を見つめ直すのです。

それでも、一人で悶々と考えても心が落ち着かないときがあります。そんなとき私は、娘が寝た後に夫とゆっくり話し、軌道修正をはかる時間をもつようにしています。

授業中の発言で身についていた必須のビジネススキル

前章で述べた通り、ハーバード・ビジネススクールでは授業中の発言が成績の五〇パーセントを占めます。でも私は当時、決められたルールに従って自分の行動を決めることに違和感を覚え、こんなふうに思っていました。

「なぜここまでして、一〇〇人近い学生たちの前で発言することが求められているのだろうか?」

「具体的にどんなスキルがこれで身につくのだろうか?」

先輩にこの質問を投げかけたこともあります。でも「実践」のなかで自分の体で理解する以上の答えは得られなかったのです。

その後グーグルで働き始めた私は、次の二つのことをハーバード・ビジネススクールの、発言という〝フレームワーク〟から学んでいたのだと気がつきました。

1．会議で的確に発言する能力
2．自分の仕事の成果を他者（とくに直属の上司）に効果的に伝える能力

まず「会議で的確に発言する能力」ですが、これは明確です。つねにダイナミックにトピックが変わる授業のなかで、タイミングをねらって、ポイントを明確にした発言を一〇〇人の前でする能力は、間違いなく仕事で生かされます。

とくにグーグルでは、ミーティングで立場やポジションなど一切関係なく、多様な意見をいろいろな人たちが勢いよく述べたてます。

ここで重要なのはもちろん質の高い意見を述べることなのですが、じつはそれと同じくらい、いやそれ以上に、意見を人前で述べるのに慣れていることなのです。

それには、「完璧な言い回しでなくても、自分が言うべきだと思うことは言ってやろう」と、人目を気にしない面の皮の厚さとすこしばかりの勇気が不可欠なのですが、私はこれをハーバード・ビジネススクールでの毎日の発言から学びました。

次に、自分の仕事の成果を周りの人間、とくに直属の上司に効果的に伝える能力ですが、これは実力主義のアメリカ企業では大切な能力です。

なぜなら、勤務年数など一切関係なく、社員の評価はパフォーマンスのみで決められ、その評価をするのは直属の上司と普段一緒に仕事をする同僚たちだからです。

どんなに誰かを思っていてもそれを形にして伝えないと意味がないのと同じで、どんなにコツコツ頑張って仕事をしていたとしても、それを周りの人に上手く見せて伝えなければ、結局は評価につながらないのです。

ちなみに、この自分を上手く見せることを、英語で「showcase myself（自分をショーケースする）」と言い、日本人の感覚と違ってポジティブなこととされています。

よい評価を受けることが仕事をする目的ではありませんが、自分が努力したのならばそれに見合った評価を求める主張をしないと、アメリカ社会では上に昇るチャンスが舞い降りてくることはありません。

元グーグラーでハーバード・ビジネススクールの卒業生でもある、現在フェイスブック社COO（最高執行責任者）のシェリル・サンドバーグも、女性はもっと出世や成功を自分で勝ち取るための交渉をすべきだと講演で言っていました。

日本に限らずアメリカでもそうですが、とくに女性は、物事を達成したとき、成功したときに「周りが助けてくれたから」とか「チームワークで頑張ったから」という発想をしがちですが、これは間違っています。

そのように受け身な解釈をすると誰も敵に回すことがなくて楽ですが、自分が頑張ったのなら、それを声を大にして主張し、成功を勝ちとらなければいけない。また、自分の成果を主張するのは簡単なことではなく、アメリカ人でも苦労している人が大勢いるのだということを、私はハーバード・ビジネススクールで学び、グーグルで実感しました。

アメリカ人として生まれたからといって、誰もが、人前でベラベラ発言をすることや、自分の仕事の成果を激しく主張することに躊躇しないわけではないのです。

私は、ハーバード・ビジネススクールの授業での発言というよりも、発言を通して教授たちとやりとりをするなかで、自分をいかにショーケースするかという能力を養いました。

教授のオフィスに行って自分の発言に関して質問をするのも、質問そのものが目的でありながら、同時に自分が努力している姿を見せるためでもありました。そして、一〇〇人近い学生がいるなかで、すこしでも自分の顔と名前を覚えてもらうためでもあります。

こうしたハーバードの教授たちとの小さなやりとりの一つひとつが、現在グーグルで働いていて、生かされているなと実感しています。

社会人になっても勉強し続け、成長し続ける

こうした忙しい毎日の合間に、オンラインや本で勉強をしています。

これもジムでの運動と同様、一週間単位でスケジュールとデッドラインをつくり、時間のあるとき、気がついたときにやる、というペースです。

勉強が会社から義務づけられているわけではありませんが、前に書いたように、大学を出たら終わりではなく、勉強は一生涯続くものです。

とくに今は、夕方六時前に仕事を終わらせていますし、周囲には面白そうな無料のオンライン教材がたくさんあります。グーグルで働きはじめてからテクニカルなことに毎日触れているため、必然的に興味がわいたということもあります。

日本では、二言目には「資格」だの「転職に役立つスキル」だの、実利ばかりを強調した勉強が社会人に向けてマーケティングされていますが、私はその手法に賛成できません。

なぜなら、勉強は「勉強すること」そのものが目的だからです。私は、それが何かにすぐに生かされなくても、楽しく学べればいいと思ってやり続けています。

知識が増えると話の幅が広がり、情報に対する感受性も鋭くなります。

いままでは、たとえばウェブサイトがどのようにつくられているかなどまったく興味がなかった私が、いまはそういう勉強をしているために、昔なら気にもとめなかったようなことが面白く見えるようになるのです。

そうすると、もっと深く掘り下げてみようという気になるものです。

発見があるということは、それだけ人生が充実しているということ。自分はいま、楽しい生活を送っているな、と実感するためにも勉強し続けることは重要なのです。

Chapter 7

日本の学校で教えてくれない、本当に大切なこと

……なぜ世界中の若者がアメリカに勉強しに来るのか

「英語が苦手」で閉じこもる日本の若者たち

リベラルアーツ・カレッジを卒業して、ハーバード・ビジネススクールに入学するまでの三年間、私は帰国してインキュベーションオフィス兼レンタルオフィスの会社を東京で立ち上げ、起業家として奮闘していました（インキュベーションとは「起業支援」という意味です）。

また、サイドビジネスとして留学斡旋などもしていましたので、自分自身の経験も踏まえて、アメリカの教育事情について講演をする機会がよくありました。

すると私の講演を聞いた親御さんから話を聞いたのでしょう。「私も高校生になったらボーディングスクールに入りたい」と、一〇歳の女の子が相談に来たことがあります。

一〇歳ということは、小学校の四年生くらいでしょうか。もちろん大人の世界のことは何もわからないし、明確な将来のビジョンをもっているというわけではないでしょう。

それでも、「世界が広い」ということはわかっていて、できるだけ早い年齢から世界に出たいと思っている。

そして「親に言われて」というのではなく、自分の興味から私に「教えてほしい」と言ってきているのです。とても感心してしまいました。

とりあえず私は持っていた学校の紹介DVDを見せて、学園生活のあれこれを教えてあげます。私が感情移入して話すことができたからでしょうか。彼女のほうも親元を離れる不安を払拭して、「面白そう」と夢を膨らませてくれたようです（女の子はその後、アメリカのボーディングスクールに留学しました）。

こんな少女がいる一方で、いまの日本では積極的に海外に出て学ぼうとする若者が少ないと聞きます。

私の通っていたボーディングスクールでも、リベラルアーツ・カレッジでも、そしてハーバード・ビジネススクールでも、日本人に比べて圧倒的に中国人やインド人のほうが多かったのが実情です。

それは学校だけでなく、仕事においても同じ。アメリカの会社で働いている日本人が少ないのも現実でしょう。

日本人は語学が苦手。だから英語圏に出ても、なかなか現地に溶け込むことができない。そんなふうに思っている人は多いかもしれません。

現に私も、ほとんどしゃべれないままアメリカに来ているのですから、自分の語学力を不安に思っていた面はありました。

しかし日本にいて、外国語をしゃべれないというのは当たり前のことです。いざ海外に出て現地の言葉で話さざるを得ない環境に身を置けば、必然的に言葉は覚えていきます。

本質的な語学力において、日本人が劣っているということはないのではないでしょうか。

日本人が海外に出ようとしないのは、おそらくは体験してもいないうちから、「ムリに決まっている」と諦めているだけなのだと思います。

周りに海外に出ている人がいない、進んで怖いことをしなくていい、ならば日本から出ないで過ごそう……と。

むろん日本が経済大国で、国内にいくらでも大きな市場と仕事があり、外国人と取引をしたり交流をしたりする必要性のなかった時代ならば、それでよかったのでしょう。けれども現在は、すでに中小企業ですら海外に出ないとやっていけない時代です。

しかも楽天やファーストリテイリング（ユニクロ）のように、社内公用語を英語にする方針を打ち出す会社も出てきているのです。形だけの国際化ではありません。もはや国内市場だけでは限界が来ることが見えているからでしょう。

打開するためにはアジアを中心とした世界へ出なければならない。英語または中国語によるコミュニケーションは必須になってきます。

就職難の日本人学生を無視して、留学生をどんどん雇う会社がブーイングを浴びることもあるようですが、そうしないと会社は生き残れない時代になってきているのです。若い人はとくにそうですが、今後、英語を習得することから逃れることはできなくなるのではないでしょうか。

いちばん大事なのは、英語環境をつくること

こんな言い方をすると語弊があるかもしれませんが、一六歳からアメリカに渡った経験から言えば、語学というのは、所詮は語学。ガムシャラになって学ぶものではなく、環境によっていくらでも使えるようになるものだと思います。

私も日本にいたときは、なんとか英語の成績をよくしようと一生懸命だったものです。英語の家庭教師に習ったこともあるのですが、全然しゃべれるようにならないし、ＴＯＥＦＬを受けても惨憺たる成績でした。

その理由は、やはり「日本にいるから」なのです。

日本にいると、私たちは英語で何を聞いても、それを日本語の意味でとらえてしまいます。「日本語では何だろう」と頭のなかで日本語に翻訳して理解する。それをやっている限り、英語は身につきません。

たとえばボーディングスクールの授業でいうと、英語はあくまでも手段であり、学んだり考えたりする対象は、歴史のことだったり、文学のことです。それらを英語で教えられ、英語で自分の意見を述べていくのですから、いちいち日本語で理解していたら大変です。

もちろん普段の会話も同じで、「英語で言われ、英語で答えること」が日常茶飯事になっていけば、いつのまにか思考も理解も英語に切り替わってしまいます。

こうしたクセさえつけていけば、最初は文法や単語が適当でも、だんだんと正しい英語表現ができるようになっていきます。

おそらく日本人は、「学校で学ぶ英語」に慣れすぎてしまっているのでしょう。

私自身も経験しましたが、日本の中学、高校で勉強する英語は、ほとんど「翻訳」の英語だと思います。文法を理解して、英文を正しく日本語に直す。実際、これは非常に難易度の高い技術だと思います。

アメリカにいる関係で、じつは私も翻訳を頼まれることがあります。

日常で英語を使っているのだから簡単かと思いきや、これが非常に難しい。普段英語でやりとりしているのとは別の思考が必要になるし、日本語の表現力というのも要求されるからです。

本を翻訳したり、あるいは映画の字幕を書いたりという翻訳のプロフェッショナルたちは、きちんと専門能力を磨いています。英語の理解力以上に、日本語の表現力が求められる。英語が得意だから、翻訳も得意というのは、間違った認識なのでしょう。

実際、二カ国語を自由に使い分けるバイリンガルは、通訳や翻訳には向かないと言われているのです。その理由がわかるでしょうか？

私は英語を習得した時期が遅かったものですから、決して本当のバイリンガルとは言えません。けれどもアメリカでの暮らしが長いから、英語でコミュニケーションをすれば英語で理解し、日本語でコミュニケーションをすれば日本語で理解し、ということを当たり前のようにやっています。

生まれてからずっと二カ国語でのコミュニケーションを普通にしてきた人たちも、こうした切り替えを自然にやっているのでしょう。英語と日本語のバイリンガルでいえば、彼らの頭のなかには「英語の回路」と「日本語の回路」が備わっているということです。

逆に言うと、「英語で聞いたことを日本語に変換する」とか「日本語を英語に変換する」という作業には、彼らは慣れていないのです。

この「変換」はむしろ特殊な技術なのだと思います。

特殊な技術である「翻訳」を、中学から大学までを費やして身につけさせようとしているのが、日本の英語教育……と言ったら言い過ぎかもしれません。けれども、日本で一生懸命に英語をやってダメな人も、英語圏に来てしまえば案外と簡単なものです。

「自分は英語はダメ」という固定観念を捨てることこそ、日本人にいちばん必要なことではないでしょうか。

外国に行きたくても行けない事情がある人もなかにはいるでしょう。

それでも英語をなんとかモノにしたいと思っている人。一番のコツは、とにかく英語を積極的に使うことです。

外国人の友だちをつくってコミュニケーションをとるのでもいいし、ブログやツイッターを英語で書くのもいい。洋画をオリジナル音声で聞くようにしてもいいし、英語の本や新聞を読むことから始めてもいいでしょう。

また、わからないことをネットで調べる場合に、グーグルなどを使いますよね。調べる内容にもよりますが、このとき日本語で検索するのと英語で検索するのとでは、出てくる情報の量と深さが圧倒的に違うことがあります。

もともとインターネットはアメリカで生まれたものですし、いまや世界中のビジネスユーザーは情報のやりとりを英語で行なっています。そのなかで日本語しかできないのは、圧倒的に不利なことなのです。

日本人同士でも、お互い英語ができるなら、パソコンでのメールのやりとりを英語でやってしまう人が結構います。理由はキーボードが効率的に使えるからで、こちらにもタイプライターからの伝統が生きているわけです。

ただし、私の経験から言っても、いちばん重要なのはやはり、英語で積極的に話しかけることです。

それはわざわざ旅行などで海外に行かなくてもできることだと思います。中国人や韓国人も含めれば、いまや会社に一人や二人、外国人の社員がいるのではないでしょうか。あるいは道端で出会った人でもいいし、セミナーなどでもいい。話そうと思えば、いくらでも機会はつくれると思います。

男性の方には申し訳ないのですが、私はとくに日本の女性にこそ英語をもっと積極的に使ってもらいたいと思っています。理由は、おそらく〝向いている〟から。

というのも心理学では、女性の言語能力が男性より高いことが科学的に認められているのです。共感する能力とか、相手の感情に興味をもつ傾向に関して、研究による証明がすでに行なわれています。

実際、日本で同時通訳の仕事をしている人は、多くが女性なのではないかと思います。

何より、私が日本の女性に英語を推奨したいのは、それが一生使えるスキルになるからなのです。その能力は剥奪されるわけでもないし、否定されるわけでもない。一生もっていられる資格のようなものです。

結婚や出産をしたあとの女性の社会進出が、日本は先進国のなかで極めて遅れています。しかし、今後ますます必要とされる英語力さえ身につけてしまえば、生きていくうえでの強い武器になるのではないでしょうか。

日本の女性には、もっと頑張ってほしい

ボーディングスクールやリベラルアーツ・カレッジには、日本から留学している女の子がごく普通にいます。必ずしもみんなと仲がよかったわけではありませんが、私が通った学校にもいましたし、同国人として絆のようなものを感じていたものです。

ところがハーバード・ビジネススクールになると、日本人学生の間では圧倒的に女性の割合が減ってしまいます。

MBAの取得は、日本では、いい会社に入るためというより、より上のキャリアを目指すためという意味合いがあると聞きます。その上を目指すレベルまで女性が働き続け、モチベーションを高めていくのが日本社会では難しいということでしょうか。

しかし、アメリカはもちろん、中国からも韓国からも、ハーバード・ビジ

ネススクールに入学してくる女性の学生は非常に多いのです。私にはここに日本社会の弱さがあるような気がしてなりません。

誤解しないでもらいたいのですが、私が女性だから、女性をひいき目に見ているということではないのです。

たとえば、私が勤めているグーグルでは、エンジニアに限っても「二〇パーセントは女性にする」と最初から比率を決めて採用をしています（『グーグル　ネット覇者の真実』〔スティーブン・レヴィ著、阪急コミュニケーションズ刊〕より）。

それは、女性か男性かというジェンダーの比率に限らず、人種などの割合も同様なのですが、社員がバランスよく構成されたほうが偏りなく顧客に対応でき、企業が安定して成長していくことがすでに明らかになっているからです。

アメリカで「フォーチュン５００」と呼ばれる総資産額五〇〇番までの企業を調べ、「女性の取締役が三人以上」と、「女性の取締役が二人以下」の会社とに分けた調査結果を、カタリストというＮＰＯが発表しています。

企業の収益性の指標となるＲＯＥ（株主資本利益率）を両グループで比較

すると、明らかに女性の取締役の多い企業のほうが成功しているそうです。また、破綻寸前の会社の多くは「女性役員がほとんどいない」という研究結果も出ています。

これは、女性のほうが経営に向いているとか、女性のほうが優れたアイデアを出せるということではありません。

要は「女性の意見を採用できるような柔軟性や自由度があるかないか」が、企業の成長を左右しているということです。

じつはアメリカでも、まだまだ女性の社会進出が遅れていると問題視されています。しかし日本はどんな統計を見ても、アメリカを下回る最低レベル。とくに役員や管理職に圧倒的に女性が少ないですし、政治家や閣僚に占める割合を見てもほとんどの先進国より遅れているのです。

日本でもやっと最近になって、女性の産後復帰を認める企業が出てきましたが、それを推奨しているかといえば、むしろ企業イメージのためにやっている面が強い気がします。「子どもを何人生んだ女性社員には補助金を出す」といった制度は、その典型でしょう。

私がハーバードで学んだことは、親になることによって人間的な成長が獲得でき、それが仕事にも反映されるということでした。

ワーキングマザーのいない会社に、一人でも母親である女性が入れば、その会社に新しい発想をもち込むことになるはずです。全員が同じような価値観、同じような生活背景であったならば、斬新なアイデアなど生まれようもありません。

日本の社会も、もうすこしそういう観点で女性の社会進出を推進してもらいたいと思います。

「日本」という小さな枠を捨てて

海外で成功した日本人の先輩たちは、決まって「若者はもっと海外に出たほうがいい」と述べます。

アメリカのパデュー大学の特別教授を務め、二〇一〇年にノーベル化学賞を受賞した根岸英一教授もそうおっしゃっていました。自身がアメリカの大学にいるからこそ、最先端の学問を学びに来る日本人が少ないことを危惧しているのでしょう。

学問の世界に目を向ければ、日本の大学の頂点にいる東京大学が、世界の大学ランキングで三〇番目くらいの評価です。

それだけ低迷している原因にも、日本人が狭い「日本」の枠を乗り越えようとしていないことがありそうですが、このまま日本を飛び出す人間が少ない現状が続くと、ますます日本の底力は衰えていく気がします。

もちろん、それは研究分野だけの話ではありません。

日本の大学を出て、日本で就職し、日本人とずっと仕事をしていく。そんな人生プラン自体、おそらくはもう時代錯誤です。

日本の人口は減少し、四人に一人が六五歳以上になる高齢化の現実が目の前に横たわっている以上、これからは海外でも生きていけるように、あるいは日本人以外と仕事をすることができるように、自分自身をプロデュースしていく必要があると思います。

私自身の経験も思い起こせば、確かに「思い切って日本を飛び出す」のは勇気がいることです。

友だちや、あるいは人間関係のネットワーク、また思い出などをいったん捨てるような選択をしなければなりません。決して簡単なことではないでしょう。

おまけにいまの時代、周りにいる多くの人たちから、日本を出ることに反対される可能性もあります。

私自身もそうでした。通っていた日本の高校が、いわゆる「名門校」とカテゴライズされる学校だったこともあり、中退して留学する決意をしたと伝えると、「もったいないね」「その後の就職は大丈夫なのか」という声が相次いだのです。

幸い、私の場合は両親の理解があり、目の前に広がる無限大の可能性に惹かれて、太平洋を越えていくことができました。

けれども周囲からの理解が得られず、「やはり無理なのかなあ」と諦めてしまう人は少なくないのかもしれません。

これまでの日本はずっと安定した成長を続け、経済大国と称され、終身雇用も守られていました。そんな時代であれば、あえて海外で学ぶ意味は少なかったことでしょう。

たとえば日本史で勉強したことを思い出してみれば、江戸が明治に変わったとき、遅れていた日本を欧米に並ぶ国に変革させたのは、維新期のとんでもない時代にチョンマゲのまま海外留学を果たした志士たちです。彼らには「新しいことを学ぼう」という意欲があったから、その後、日本を変えることができました。

いま、日本は経済が失墜し、あらゆる分野において欧米はおろか、アジア諸国にまで追い越されているような状況です。そんななかで、国に税金を納めるだけが「日本をよくする」行為ではありません。

さまざまなハードルを抱えながらも、失敗しながらも、幾度となく挑戦し、海外で頑張ることによって、日本に新しい風をもたらすことは必要なのではないでしょうか。

私自身がいずれ日本に戻るかどうかはわかりませんが、アメリカで働く一人の日本人として、その姿や考えを発信し、多くの日本人に勇気を与えたいと思っています。

生まれ育った日本に貢献したいという気持ちは、海外に出れば強く感じるものです。

だからこそ、私は多くの人に「日本」という小さな枠を越えて、より広く勉強しようという気持ちをもってもらいたいのです。

本当の成功をつかむための勉強をしよう

海外に出て一旗揚げる、などというと、それこそ一世代、二世代前の発想かと思う人が多いかもしれません。

たとえば明治のころであるとか、あるいは戦前の復興期の時代には、そんな考えをもつ人が多かったのでしょう。

現在の日本では、かつてのベンチャー熱のようなものも冷め、「成功したい」とか、「より上のランクを目指したい」という若い人の上昇志向が薄れているということはよく聞きます。

でも私には、「それって本当なのかな?」と疑問に思ってしまう部分もあるのです。

というのも、私はハーバード・ビジネススクールで学んでいたころ、日本の人たちに自分の体験を伝えようと、ブログでの発信を続けていました。すると、面識はないけれど自分と同世代の若い人や、あるいはもっと若い子たちから、「勇気づけられる」とか「私も頑張りたい」というメッセージをたくさんいただいたのです。

潜在的には、みんなもっと上のレベル、もっと上のステージに上がることに憧れている。

でも周りの目とか、「ダメかなあ」と諦めさせるような空気とか、ロールモデルが周りにいないなど、いろいろなものが障害となり、小さい自分をなかなか突破できないだけなのではないでしょうか。

私たちが勉強するのは、一体何のためでしょうか？

社会に貢献する目的もあるでしょうが、それは結果的なことであって、何より本来の目的は自分の人生のためだと思います。

人生をよくするものが何かといえば、そこにはさまざまな要素があります。仕事に、健康な体と精神に、経済的な豊かさに、満たされた恋愛に、素晴らしい家族……。

何か一つのために、他のものを犠牲にしていいわけではありません。すべてを望むからこそ、私たちは勉強し、自分自身がより高い存在になることを望むのです。

もっと日本人はすべてを欲しがっていい、貪欲になってかまわない。私はそう思います。

私自身に関して言えば、最高の夫をパートナーにすることができ、最高の娘を授かり、最高の知識を学び、最高の会社に入って現在仕事をしていると自分では思っています。

ただ、まだまだ望んでいることはたくさんある。

よく言われることですが、望むからこそ手に入る。望まないで、「これでいい」と妥協してしまえば、それ以上のものは手に入りません。

私のような人間ですら、思い切って枠を乗り越えるだけでそうなったのですから、誰であっても、一歩を踏み出すのはそう難しいことではないと思うのです。

成功というと、なんだか最近の日本では、「他人を蹴落とす」だとか「金に汚い」だとか、そんないかがわしいイメージでとらえられることがあるかもしれません。

しかしそれは間違いです。

ハーバード・ビジネススクールには、全世界から成功を望む人が集まってきます。だからこそ、道を誤らないように、授業で「成功」の定義について考えさせるのです。

1章の最後で述べたように、私はそれをこう定義しました。

「私にとっての成功とは、自分をよく理解し、他者に影響を受けることなく自分らしいオリジナルの人生を追求し、仕事や家庭、社会への関与により誰かの生活をよりよくする変化を起こすこと」

では、教授はどう定義したのか？
いつも目的意識とプロフェッショナリズムをと説いてくれていた会計のパイパー教授は、その最後の講義で、一節の詩を朗読してくれました。
それはアメリカの詩人ラルフ・ワルド・エマーソンの「Success（サクセス）」という詩でした。

「成功とはなにか」

To laugh often and much;
（よく笑うこと）

To win the respect of intelligent people
and the affection of children;
（知的な人からの尊厳を得て、子どもたちに好かれること）

To earn the appreciation of honest critics
and endure the betrayal of false friends;
（よい評論家に認められ、見せかけの友人の裏切りに耐えられること）

To appreciate beauty,
to find the best in others;
（美しいものがわかり、他人のよいところを見つけられること）

To leave the world a bit better,
whether by a healthy child,
a garden patch or a redeemed social condition;
（この世をすこしでもよいものにして去ること。
それが、元気な子どもを育てることや庭を造ることでも、
社会問題を解決することでもよい）

To know even one life has breathed easier
because you have lived.
（そして、たった一人でもいいから、私の存在によって
心が安らいだ人がいるということを知ること）

This is to have succeeded.
（それができたら、人生は成功だったと言える）

この詩を読んだあとで教授は、学生たち一人ひとりの目を見て、自分は目を潤ませながらこう言ってくれました。

「本当の成功とは何を意味するのかを忘れずに、これから世界に羽ばたいていってほしい」

私はいまもパイパー教授をがっかりさせるような人間にだけはならないようにと心を戒め、次なる人生のステージへの挑戦を続けています。

このように、人生において守るべきものと目指すべきものをしっかりと築

き上げ、限りなく自分自身を前進し続けるものこそ、本当の「勉強」なのだと思います。

その方法はおそらくさまざまであり、本書で私が紹介したアメリカの勉強もその一つに過ぎないのかもしれません。

ただ、あなた自身があなた自身の人生をよくできる勉強でないと、それは意味がないのです。どうか一人でも多くの人が、幸福な人生を歩むきっかけをつくってくれることを著者として願っております。

おわりに

ハーバード・ビジネススクール時代、ヨーロッパから留学に来ていたある友人がこう言いました。

「卒業後、母国に帰ることも選択肢としてはあるけれど、僕はまだ居心地のよさを選んではいけない気がする。自分が落ち着く場所、コンフォートゾーンからあえて抜け出さないと、成長できないから。だから僕はまだ母国に帰らないほうがいいと思うんだ」

彼がどんな世界を見据えていたのか、いまの私には、手に取るようにわかります。

海外留学という枠を超えて、普遍的な「勉強」の本質についての本を書きたいと思いたち、このプロジェクトが始まったのはハーバード・ビジネススクールを卒業して数カ月したころでした。

そのときはまさか自分がシリコンバレーに移住するなんて思ってもいませんでした。アメリカで働くなんて、当時の私には非現実的なことだったのです（そのため最初に本のアウトラインを作成したときはアメリカで就職する章は入っていませんでした）。

いま思うと、ハーバードに留学する前だって、まさか自分がハーバードのチャールズリバー脇で珈琲を飲みつつ、夫と一緒に乳母車を押しながら散歩する日が来るなんて思ってもいなかったし（いまでも夫とは、ハーバードで出会った日のことを笑いながら語り合っています）、そもそも自分がハーバードに入るなんて考えてもいませんでした。

リベラルアーツ・カレッジ時代も、ボーディングスクール時代も同じでした。いつも新しいこと、一つ上のレベルのことに挑戦するときは、不安でたまらなくて、失敗するのが怖い。それでも自分がやりたいことに素直でいたいから、行動し続けてきただけです。

途中、何度も苦い思いを経験しましたが、いまここにいることと、自分に与えられたものすべてに感謝しています。

ただ、自分の過去を振り返って思うのです。挑戦は段階的にしかできないものではないか、と。

なぜなら挑戦するにはビジョンやプランが必要で、そのビジョンを描くには、背伸びしてジャンプしたらそこになんとか届くくらいの距離にいることが不可欠です。そうしないと、そもそも「挑戦してみたい」とすら思わないでしょう。

幸せや成功を手に入れるには、挑戦するしかありません。近道はないし、自分自身と正面から向き合わないで、そこへ到達することはできないと思います。

執筆を始めてから約一年半の間に、私はシリコンバレーで働くという人生の新たな節目をつくりましたが、世界では悲しい出来事もいくつか起こりました。日本では震災で多くの命が失われ、私の住む街のすぐそばでは偉大な起業家であるスティーブ・ジョブズが亡くなりました。

こういった悲しい出来事が起こったとき、私はいつも、世の中は突然変わることがあるということと、そんな変わりゆく人生において、確かなものとは何だろうということを考えます。

確かなもの——。私にとってそれは「教育」です。

自分が教育から得た「思考力」や「議論力」、「マネジメント力」といった能力は、一夜にして失われることはありません。こんな不安定な世の中だからこそ、何か自分の力で確かなものを手にしてみてもいいと思うのです。段階的に、継続的に、挑戦は続いていくのです。

私は、約九年間、アメリカの「白熱教室」で歩んだなかで、自分なりに学ぶということの本当の意味がわかった気がします。

星の王子さまで「大切なことは目には見えない」というフレーズが出てきますが、その「目には見えない」つまりは、形のない「大切なこと」が何なのかを深く追求する行為が勉強なのではないでしょうか。

「あなたは将来、何がしたい？」

たとえば突然そう聞かれても、返答に困る人は多いと思います。でも、勉強という深い思考訓練を経験することで、こうした問いに対して、自分は何者で、何に価値を見いだして、何に心が動くのか、と考えることができるようになるのです。

そしてその問いに対する具体的な答えは、教室を出て世界で行動して見つけていくのです。逆説的ですが、「白熱教室」の九年間を通して、勉強とは正しい答えを見つけることではなくて、正しい問いを見つけていく行為なのだと気がつきました。

この本の作成にあたって、アメリカに住んでいる私との時差と地理的壁を超えて連絡をとってくださり編集作業にあたってくださった阪急コミュニケーションズ書籍編集部の森田優介さんにお礼を申し上げます。日本にいない私が何を疑問に思っているかを的確に理解していただき、丁寧な編集をしていただきました。

また、いつも私を肯定し応援してくれ、素晴らしいアドバイスをくれる両親と、日々の生活でくじけそうになったときに背中を優しく押してくれる夫にも感謝します。子どもを抱えながら就職活動を続け、また仕事を見つけてからも限られた時間のなかで、週末や夜中などに私が執筆活動を続けていくことを応援してくれました。

そして最愛の娘へ。いつかこの本を読んでもらう日が訪れることを楽しみにしています。あなたのすべてに感謝します。

最後に、この本を手に取ってくれた本当の野心あふれる日本人の皆さんへ。

この本がすこしでもあなたの挑戦のビジョンやプラン作成に役立つこと、そして一歩を踏み出す勇気になるきっかけになることを願っています。

二〇一二年一月吉日　シリコンバレーの自宅にて

■著者

石角友愛 Tomoe (Tomo) Ishizumi

日本の暗記中心の教育がイヤになり、周りの白い目を気にしながら、東京のお茶の水女子大学附属高校を中退。16歳で単身渡米する。少人数ディスカッション式の名門ボーディングスクール（全寮制私立高校）に進学し、リベラルアーツ教育で有名な、オバマ大統領の母校でもあるオキシデンタル・カレッジを卒業（心理学士）。在学中に思いついた起業アイデアを実行すべく、帰国して起業家を支援するインキュベーションビジネスを立ち上げ、3年間運営する。2008年、再びアメリカに渡り、ハーバード・ビジネススクールへ。戦略コンサルティング会社やベンチャーキャピタルで経験を積みながら、2010年に長女出産と同時にMBA（経営学修士）取得。現在は子育てをしながらシリコンバレーのグーグル本社で働く。

Facebook Page : http://www.facebook.com/tomoehbs
Blog : http://tomoehbs.exblog.jp/
Email: tomoehbs@excite.co.jp

著者エージェント：
アップルシード・エージェンシー（http://www.appleseed.co.jp）

カバーデザイン——lil.inc
本文デザイン・DTP——朝日メディアインターナショナル
撮　影——堀 応樹
ヘアメイク——三根朋絵
編集協力——中川賀央

※本文中の写真はすべて著者提供

本書に書かれている内容はすべて著者個人の見解であり、著者の所属するいかなる団体、組織を代表するものではありません。

私《わたし》が「白熱教室《はくねつきょうしつ》」で学《まな》んだこと
ボーディングスクールからハーバード・ビジネススクールまで

2012年3月20日　初版発行

著　　者　石角友愛
発 行 者　五百井健至
発 行 所　株式会社阪急コミュニケーションズ
〒153-8541 東京都目黒区目黒1丁目24番12号
電話　販売（03）5436-5721
編集（03）5436-5735
振替　00110-4-131334

印刷・製本　図書印刷株式会社

Printed in Japan
ISBN978-4-484-12207-6